Tankred Dorst

KARLOS

Ein Drama

Mitarbeit Ursula Ehler

Suhrkamp Verlag

Erste Auflage 1990
© dieser Ausgabe Suhrkamp Verlag Frankfurt am Main 1990
Alle Rechte vorbehalten
Satz und Druck: Wagner GmbH, Nördlingen
Printed in Germany

KARLOS

PERSONEN

König Felipe
Karlos
Der Großinquisitor
Juan d'Austria
Der falsche Austria
Egmont
Ysabel
Die falsche Ysabel
Kahle Anna
Alba
Der halbverweste Heilige
Der französische Gesandte
Der Wilde
Der Koch
Der nervöse Dichter
Der Bote
Theatertruppe des Angulo del Malo
Die Greise
Zwei Mönche des Staatsrats

ORT DER HANDLUNG

Spanien im 16. Jahrhundert

Der bucklige, eigensinnige, phantasiebegabte Infant Karlos, von seinem Vater König Felipe zum Herrn der Welt bestellt, wendet sich immer mehr gegen seinen Vater, verschwört sich gegen ihn mit Juan d'Austria, dem schönen Kriegshelden, mit dem demokratischen Egmont und anderen. Es sind dies aber nur Doubles der wirklichen Personen, sie werden auf Betreiben des Großinquisitors zu Karlos geschickt, um ihn des Verrats zu überführen. So lebt Karlos mehr und mehr in einer unwirklichen Welt. Was ist echt, was ist simuliert? Der Vater sperrt ihn in seinem Zimmer ein, läßt Türen und Fenster zumauern. Hier haust Karlos einsam und frißt sich an einer Wildpastete tot.

1
DIE PRÜFUNG

Der Staatsrat ist versammelt: Greise auf Stühlen. Auf einem der Stühle sitzt eine Dogge. Großinquisitor. Alba. König Felipe. Von der Decke herab hängt regungslos, an Händen und Fußknöcheln zusammengebunden, ein großer, dunkler Körper, in seiner Menschengestalt kaum erkennbar: der Wilde. Langes Schweigen.

KARLOS' STIMME *von fern:* Vater! Vater! Vater! Vater!
DER KÖNIG Wer schreit da?

Die Greise horchen lange.

DER KÖNIG Wo ist Karlos? Schläft er noch?

Schweigen.

DER KÖNIG *unwillig:* Es ist schon lange hell. Ich habe schon viele Briefe und Botschaften geschrieben und brauchte dazu keine Lampe.
KARLOS' STIMME *näher:* Vater!

Die Greise singen einen hohen, langgehaltenen, zittrigen Ton. Karlos rennt herein, dicht gefolgt von einer großen konturenlosen Schattengestalt mit einem Messer, stolpert, fällt hin: Der Schatten ist verschwunden. Die Greise hören auf zu singen.

DER KÖNIG Du hast lange geschlafen.

KARLOS Der Weg war so weit. Ich bin durch die Korridore gerannt. Ein Mörder rannte mit mir.

DER KÖNIG Hat der Staatsrat einen Mörder gesehen?

Schweigen.

KARLOS *schreit die Greise an:* Alte Lügner!

DER KÖNIG Ich, Felipe, König von Spanien und Portugal, König beider Amerika, König der Niederlande, König von Sizilien und Sardinien, König von Neapel und Herzog von Mailand, zeige Ihnen heute meinen Sohn, den Infanten Karlos, der, obwohl schwach an körperlichen Kräften und noch ungezügelt in seinen Wünschen und Phantasien, durch seine Geburt, die eine Fügung Gottes, und die Liebe seines Vaters, die Teil der Vaterliebe Gottes zu allen seinen Geschöpfen ist, zum zukünftigen Herrscher über Spanien und alle seine Länder berufen ist. Er wird an diesem Tag fünfzehn Jahre alt. Die ehrwürdige Versammlung, deren Rat und Einwand er später immer hören und sorgfältig bedenken möge, wie ich es tue, soll heute seinen Worten folgen, als ob es Anordnungen und Befehle des Königs wären, damit er, der bisher Verantwortung nicht kennt, begreift, daß jedes Wort des Königs zu einer Tat wird, und daraus lernt: seine Gedanken sind seine Werke.

GROSSINQUISITOR *zu Karlos, der nicht zugehört hat, noch immer beunruhigt durch den Mörder-Schatten:* Was befiehlt der Infant?

KARLOS Den Mörder töten!

GROSSINQUISITOR Der Infant sieht noch immer einen

Mörder vor seinen Augen. Wie sieht er aus? Kann er
ihn beschreiben?

KARLOS *zum Großinquisitor:* Wie du!

Schweigen.

DER KÖNIG Entschuldige dich, Karlos.

KARLOS *verbeugt sich vor dem Großinquisitor:* Ich entschuldige mich für den Mörder, Vater.

GROSSINQUISITOR Ich bin nicht Ihr Vater.

KARLOS Ach so? Ich dachte, der Älteste hier ist mein
Vater.

DER KÖNIG Der König ist dein Vater.

KARLOS Guten Tag, Vater. Ich werde auch König sein,
wenn du abdankst.

GROSSINQUISITOR Glauben Sie, daß Sie ein guter König
sein werden?

KARLOS Ja. Ich werde sagen: ich bin ein guter König, und
Sie alle werden mir antworten: das ist ein guter König!

DER KÖNIG Hier ist der Sitz für den König. Setze dich
nieder.

KARLOS Danke, Vater. Hier sitze ich. Das gefällt mir. Ich
habe Hunger. Ich möchte eine Hasenpastete.

DER KÖNIG Jemand soll eine Hasenpastete für den Infanten bringen!

KARLOS Ich möchte drei, vier Hasenpasteten!

GROSSINQUISITOR Das ist nicht vernünftig von Ihnen,
Infant Karlos.

KARLOS *giftig:* Soll das heißen, ich bekomme sie nicht?

Schweigen.

KARLOS *zum Großinquisitor:* Pfui, bist du alt! Wie lang deine Fingernägel sind! Die sind dir wohl nach deinem Tod immer weitergewachsen. Solche Fingernägel habe ich noch nie gesehen, weil ich noch nie einen Toten gesehen habe. Sie sind der erste!

DER KÖNIG Du solltest sehen, daß hier die klügsten und bedeutendsten Männer versammelt sind, um mit dir über Fragen der Macht und der Ordnung zu sprechen.

KARLOS *zählt die alten Männer des Staatsrats einzeln ab:* Sechzehn und ein Hund.

GROSSINQUISITOR Das ist kein Hund, Infant Karlos.

KARLOS Ich sehe aber einen Hund auf dem Stuhl dort sitzen, beziehungsweise: Das, was ich sehe, sieht aus wie ein Hund.

DER KÖNIG Er ist der Adoptivsohn des Grafen von Altea.

KARLOS Er sieht aber genauso aus wie ein Hund, stinkt auch wie ein Hund. Erklären Sie mir das doch bitte, ihr klügsten und bedeutendsten Herren.

ALBA Der verstorbene Graf von Altea wollte, weil er blind war, nicht ohne seinen Hund gehen, und so hat er ihn adoptiert, denn sein Adoptivsohn kann an den Sitzungen teilnehmen, was dem Hund untersagt ist.

KARLOS Ich begrüße Sie, Nicht-Hund!

GROSSINQUISITOR In principio erat verbum et verbum erat apud deum et deus erat verbum.

KARLOS Wie alt sind Sie?

GROSSINQUISITOR Ich bin in jener Nacht geboren, als der Komet am Himmel erschien, in derselben Nacht wie Jesus Christus.

KARLOS Dann sind Sie sein Zwillingsbruder? Ich kann aber, wenn ich Sie mir ansehe, keine Ähnlichkeit mit dem Mann erkennen, den sie umgebracht und an ein Kreuz gehängt haben. Den habe ich oft betrachtet, er ist mir in vielen Bildern gezeigt worden, schöne Bilder, von denen das Blut auf meine Augen tropfte. Er sah anders aus!

GROSSINQUISITOR Ich bin sein Bruder. Aber ich bin damals nicht beachtet worden.

KARLOS So!

GROSSINQUISITOR Man hat mich in der Herberge liegen lassen, versteckt im Stroh, als meine Eltern mit meinem Bruder nach Ägypten flohen. Sie suchten alle nach ihm, ihm wollten sie huldigen. So hat man mich lange Zeit vergessen.

KARLOS Dein Bruder war sehr schön. Du bist es nicht.

GROSSINQUISITOR Ich habe meinen armen Bruder gesehen, der den Menschen Erlösung gebracht hat und den man gefangennahm. Da wußte ich: ich mußte mächtig sein, damit er schwach bleiben konnte, seine Schwachheit mußte ich beschützen. Ich mußte reich sein, damit er arm bleiben konnte. Ich wohnte im Palast, als mein Bruder am Kreuz hing, und ich wache noch heute, nach 1500 Jahren, über seine Lehre, beschütze sie.

KARLOS Tausendfünfhundert Jahre! – – *zu dem Hund:* Und wie alt bist du?

Der Greis, der neben dem Hund sitzt, antwortet für den Hund.

GREIS Drei Jahre.

KARLOS Das ist eine kurze Anwesenheit in der Zeit. Da bin ich dreizehn Jahre älter als du. Ich habe dreizehn

Jahre Vorsprung. Ich erzähle dir, wie es vor deinem
Erscheinen in der Welt zugegangen ist, Hund: Ich
kroch auf allen Vieren auf dem Fußboden herum wie
ein Hund, und ich habe meiner Amme in die Brüste
gebissen wie ein bissiger Hund: da schrien die Ver-
wandten auf, und die Sache wurde von den Botschaf-
tern an alle Königshöfe der Welt berichtet. Der Infant
Karlos ist bissig. Dann hielt man mich verborgen und
hat mich eingesperrt wie einen räudigen Hund, niemand sollte mich sehen, und ich sollte auch niemanden
sehen. So sind meine Jahre vergangen, bis du zur Welt
kamst, Hund.

DER KÖNIG So hündisch, wie sie dir jetzt scheint, war
deine Kindheit nicht, Karlos.

KARLOS Wissen Sie etwas darüber, lieber Vater? Haben
Sie mich je gesehen? Mir wurde immer gesagt, Sie
schreiben Briefe und führen Kriege. So habe ich mir
ein Bild von Ihnen gemacht: Ein starker Mann in gol-
dener Rüstung, und einer, der gebückt bei der Kerze
sitzt und Zeichen auf lange Blätter schreibt, ohne je
aufzublicken.

DER KÖNIG Meine Liebe hat über dich gewacht.

KARLOS Die habe ich nie gesehen, Vater. Aber vielleicht
waren Sie hinter dem gestickten Wandschirm versteckt – ich habe nur die Stickerei darauf gesehen, die
Schlacht um Troja, und Ihr Auge in dem Schlitz habe
ich nicht gesehen. Oder haben Sie in dem großen Ofen
gehockt, in den man vom Korridor aus hineinkriechen
kann? Der Ofen, so prächtig wie ein Palast! Ich habe
nur immer Zinnen, Türme und Bogen gezählt, von
Ihnen, der Sie da drin hockten, wußte ich nichts.

DER KÖNIG Du mußt lernen, Karlos.

KARLOS So! Was muß ich denn lernen?

DER KÖNIG Du mußt lernen, daß du zwar der König sein wirst, aber dennoch kein freier Mensch.

KARLOS Wer macht mich unfrei?

DER KÖNIG Gott!

KARLOS Und was befiehlt der mir?

DER KÖNIG Du mußt auf den Rat der versammelten Herren hören.

KARLOS Sind die denn Gott?

DER KÖNIG Nein. Aber du mußt ihren Rat hören.

KARLOS O! Da kommt meine Pastete! Ich esse!

Vier Wildpasteten werden gebracht. Karlos sitzt auf dem Thronsessel und ißt. Die Versammlung der Greise redet schnell, durcheinander.

ERSTER GREIS Das Interesse des Staates ist das höchste Interesse, dem alle anderen Interessen...

ZWEITER GREIS Der Staat, das heißt...

ERSTER GREIS Das Interesse des Staates besteht darin, daß...

DRITTER GREIS Der Konflikt zwischen dem Interesse des Individuums und dem Interesse des Staates...

VIERTER GREIS Ein dem Staat allein zukommendes Recht ist...

FÜNFTER GREIS Der irdische Staat, der nicht von ewiger Dauer sein wird, hat...

SECHSTER GREIS Der zum König erhobene Mann muß vor allem Eigenschaften besitzen, die es...

SIEBENTER GREIS Der Staat hat ein inneres und hohes Ziel, das darin besteht, daß...

ACHTER GREIS ... so kommt es darauf an, die gesell-schaftlichen Bedürfnisse zu bestimmen...

NEUNTER GREIS Grundlage des Staates ist das Recht, sein Mittel: die Macht.

ZEHNTER GREIS ... innerhalb bestimmter Grenzen seiner Wirksamkeit...

ELFTER GREIS Als Herrschaftsordnung hat der Staat die Befugnis und Fähigkeit, den Herrschaftsunterworfe-nen mit verbindlichen Befehlen, das heißt Gesetzen und Einzelakten, gegenüberzutreten und diese, falls er-forderlich, mit Zwang durchzusetzen.

ZWÖLFTER GREIS Wir verstehen den Staat als Herr-schaftsgefüge, das die gesellschaftlichen Akte auf ei-nem bestimmten Gebiet in letzter Instanz ordnet.

KARLOS *essend, deutet auf den Wilden im Käfig:* Versteht das der Affe da? Ich merke, daß er euch gar nicht zuhört.

SECHSTER GREIS Er versteht unsere Sprache nicht.

KARLOS Sehr schade. Er soll sie sofort lernen! Ich will mich mit ihm unterhalten! Er soll sprechen! Er soll hören!

SECHSTER GREIS Er ist aus den neu entdeckten amerikani-schen Ländern herübergebracht worden. Wir lehren ihn unsere Sprache nicht. Er ist ein Demonstrations-objekt. Er kommt in den Zoo.

KARLOS Das ist aber unmenschlich gedacht, Alter! Wie soll er denn lernen, außer durch Sprechen und Zuhö-ren, daß, auch wenn er gewaltig um sich schlägt und Feuer und Steine speit wie ein ausbrechender Vulkan, Gott sein Herr ist?

SECHSTER GREIS Wir unterrichten ihn nicht. Er soll der

fortgeschrittenen und christlichen Menschheit als anthropologisches Beispiel dienen: Der Mensch in seiner ursprünglichen Gestalt. So ist es dem interessierten Betrachter möglich, den Abstand zu ermessen zwischen dem Menschen in seinem ursprünglichen Zustand und der hohen Entwicklungsstufe, auf der wir uns heute mit Gottes Hilfe befinden.

KARLOS *am Käfig:* Ein Mensch... kein Affe? Dann befehle ich Ihnen, daß Sie ihn freilassen.

ERSTER GREIS Dazu raten wir nicht.

KARLOS Sie wollen nicht?

ERSTER GREIS Ja, wir tun es, da Sie es befehlen. Aber es ist unvernünftig.

KARLOS *klatscht ihm eine Pastete ins Gesicht:* Schwätzer!

DRITTER GREIS Er könnte großen Schaden anrichten. Er könnte Kindern den Kopf abreißen und Feuerbrand in die Kathedrale werfen.

KARLOS Ja. Ja. Ja. Ja.

NEUNTER GREIS Man wird ihn erschießen müssen, wie man es mit gefährlichen Bestien tun muß, wenn sie unter die Menschen geraten.

KARLOS Schade. Ich hätte gern so etwas gesehen, was du so schön beschreibst... Köpfe abreißen und Feuer, schön!

Die Greise der Versammlung springen empört auf. Mit einer einzigen Handbewegung bringt der König sie zur Ruhe.

KARLOS *macht die Handbewegung nach:* Bei Ihnen kuschen sie!

Er macht die Handbewegung wieder und wieder, um sie einzuüben, stellt sich dazu in Positur usw.

KARLOS Und wie war der Gesichtsausdruck? So? *Er verzieht das Gesicht.* Oder so? *Verzieht das Gesicht anders.*

DER KÖNIG Der Infant muß noch viel lernen.

Karlos versucht, die Körperhaltung des Königs genau nachzuahmen.

KARLOS Ja, oh ja! Viel! Viel! Wie gut, daß Sie noch nicht gestorben sind, dann lägen Sie bloß da wie ein dürres Holz, und ich könnte nichts lernen. *Mimt plötzlich eine starre Leiche.*

ERSTER GREIS Das ist unpassend.

KARLOS *springt auf:* Er lebt ja! Er lebt ja! Und ich kann mir ansehen, wie er spricht oder wie er flüstert und mit wem er flüstert, und so mache ich es auch *Sieht, wie der König jetzt den Kopf in die aufgestützte Hand legt...* wie er den Kopf in die aufgestützte Hand bettet, seufzt und aufsieht *Der König steht auf...* wie er aufsteht und durch den Saal schreitet – königlich *Er ahmt den König nach* – Da rennt der Hund fort! Was mache ich falsch?

2
ICH WILL WISSEN, WIE WEIT UNS DER SCHMERZ TREIBT, SAGTE DER INFANT KARLOS ZU DER HURE KAHLE ANNA

Bei der Hure Kahle Anna. Karlos, maskiert, mit Bart. Kahle Anna.

KARLOS Schlag mich!

KAHLE ANNA Die Nummer mach ich nicht.

KARLOS Du weißt doch gar nicht, wer ich bin! Warum hast du da Angst?

KAHLE ANNA Mach ich nicht.

KARLOS Ich geb dir Geld extra. *Gibt ihr Geld.*

KAHLE ANNA Wieviel hast du?

KARLOS Ach, viel, viel. Es segelt aus Mexiko herüber mit den Schiffen, Silber und Gold.

KAHLE ANNA Das hier ist nicht viel. *Sieht sich die kleinen Münzen an.*

KARLOS Du sollst mich schlagen! Einmal nur, wenigstens einmal!

KAHLE ANNA Das hätte dein Vater machen sollen, dann wär' vielleicht was aus dir geworden, und du bräuchtest nicht im Hurenhaus rumzuhängen.

KARLOS Niemand hat mich je geschlagen. Ich darf nicht geschlagen werden, weil ich der Infant bin. Aber ich möchte wissen, wie das ist.

KAHLE ANNA Das tut weh, wenn ich richtig hinlange! Dann schreist du!

KARLOS Ja. Das habe ich oft gehört. Sie schreien, wenn

sie geschlagen und gepeitscht werden. *Gibt ihr Münzen.*

KAHLE ANNA Hast du bloß Kleingeld?

KARLOS Wenn mein Diener beim Servieren was verschüttet, dann laß ich ihn auf die Hände schlagen, bis sie blutig sind. Ich könnte ihn auch erdrosseln lassen.

KAHLE ANNA So!

KARLOS Ja. Wenn es mir Spaß macht. Oder die Finger abschneiden.

KAHLE ANNA Dafür knall ich dir eine. *Sie gibt ihm eine Ohrfeige:* So redet man nicht.

KARLOS *reißt wütend vor Schmerz die Maske ab:* Ich bin Prinz Karlos, ich rede, wie ich will! Ich bin der Infant von Spanien.

KAHLE ANNA Du bist ein unverschämter, grüner Junge, der sein Maul aufreißt, und du gehst jetzt nach Hause.

KARLOS *gibt mehr Geld:* Ich hab noch Geld, hier ist noch was.

KAHLE ANNA *sieht das Geld an, steckt es ein:* Danke, Prinz Karlos, oder wie soll ich sagen?

KARLOS Jetzt glaubst du mir plötzlich. Vorher hatte ich den Eindruck, daß du mir nicht glauben würdest.

KAHLE ANNA Ich kann doch nicht gleich jedem Kunden glauben, wenn er reinkommt und sagt: Ich bin der Papst.

KARLOS Kommen denn noch mehr Prinzen, so wie ich?

KAHLE ANNA Jaja, ab und zu kommt einer und sagt, er ist ein geborener Prinz oder sonst was Besonderes. Einer hat immer gesagt, ich soll ihn titulieren: Herr Erzbischof von Coellen.

KARLOS Und was machst du mit denen?

KAHLE ANNA Es kommt aufs Honorar an.

KARLOS Ich bin wirklich Karlos! Der Infant von Spanien!

KAHLE ANNA Das wünsch dir mal lieber nicht, der soll ja impotent sein.

KARLOS Wer behauptet so etwas?

KAHLE ANNA Hab ich nur mal so gehört.

KARLOS *zappelt:* Sag mir sofort, wer das war! Sag es! Sag es! Sag es!

KAHLE ANNA Reg dich nicht so auf, Junge. Der soll doch überhaupt ein schielendes Ekel sein. Stimmt ja vielleicht nicht, ist ja vielleicht nur so ein Gerede von jemandem, der neidisch auf den großen Herrn ist.

KARLOS Das will ich nicht hören! Das verbiete ich! Ich verbiete das bei Todesstrafe!

KAHLE ANNA *spöttisch:* Ja, ja, ganz recht! Bravo! Verbiete das!

KARLOS Ich ertrage es nicht. Es trifft mich ins Herz. *Er sitzt und weint.*

KAHLE ANNA Du hast aber sehr schwache Nerven, armer Junge. Kannst einem ja leid tun.

KARLOS Ich werds beweisen! Aber nicht nur dir, ich werde es allen beweisen! Ich werde es öffentlich machen!

KAHLE ANNA *geht zum Schein darauf ein:* Ein schöner Einfall, da machst du am besten ein Volksfest draus und zeigst den Leuten, was du kannst, und kriegst einen großen Applaus. Volksfest mit Riesenbockwurst!

KARLOS Alle europäischen Botschafter müssen eingeladen werden! Und dann, wenn meine Potenz bewiesen ist, dann müssen sie mir die Prinzessin von Valois geben.

KAHLE ANNA Bravo! Recht so! – Wer ist denn das?

KARLOS Ysabel.

KAHLE ANNA Kenne ich nicht. Ist aber ein hübscher Name.

KARLOS Karlos und Ysabel. Karlos und Ysabel. Es wurde schon verhandelt und ein Vorvertrag gemacht.

KAHLE ANNA *amüsiert:* Was du dir alles ausdenkst!

KARLOS Ich bin nicht verrückt.

KAHLE ANNA Nein, nein, Kleiner. Reg dich nicht auf! Hat deine Mama dich einfach losziehen lassen, mitten in der Nacht?

KARLOS Die hab ich umgebracht.

KAHLE ANNA Das auch noch!

KARLOS Ich habe sie auseinandergerissen bei meiner Geburt.

KAHLE ANNA Und hast eine Stiefmutter gekriegt?

KARLOS Ja. Die Königin von Schottland. Die ist auch schon tot.

KAHLE ANNA *lacht:* Aha. Königin! Na klar!

KARLOS Ja. Natürlich.

KAHLE ANNA Und die Onkel und die Tanten?

KARLOS Mein Onkel ist doch der deutsche Kaiser. Den habe ich noch nie gesehn.

KAHLE ANNA Schade! Und die Tanten?

KARLOS Die Prinzessin von Portugal und die Königin von Schweden und Norwegen –

KAHLE ANNA *winkt ab, ironisch:* Ach so. Und dein Großvater ist vermutlich der Kaiser von China.

KARLOS Nein. Der Kaiser des Römischen Reichs. Dem wurde ich vorgezeigt, er hat aber nur einen kurzen Blick auf mich geworfen und hat sich abgewendet. Ich habe ihm mißfallen.

KAHLE ANNA Armes Kerlchen! Nichts als Kaiser und Könige!

KARLOS Ich will wissen, wie weit uns der Schmerz treibt.

KAHLE ANNA Bis zum Tod.

KARLOS Da muß es schön sein. Da will ich hin.

KAHLE ANNA Ach, hör doch, wie die Freude am Leben in die Kehlen der Kanarienvögel gestiegen ist. Da singen sie.

KARLOS Ohrenschmerzen, immerzu! *Hält sich die Ohren zu.*

KAHLE ANNA *ironisch:* Na, Prinzchen, da verkleidest du dich und schleichst dich an und spionierst und linst durch die Ritzen und Astlöcher, um mal zu sehen, was die gewöhnliche Menschheit treibt!

KARLOS *schreit:* Die Potenzprobe muß ich machen und will es auch.

KAHLE ANNA So ja. Hab ich ja auch Verständnis. Hol ihn mal raus, zeig ihn mir mal, den wahren Prinzen und König.

KARLOS *aufgeregt, will sich ausziehen, zerrt an der Hose, zapplig, immer heftiger, nervöser.*

KAHLE ANNA *sieht ihm zu:* Das dauert ja ziemlich lange. Zeig doch endlich!

KARLOS Jajajajaja!

KAHLE ANNA Das kostet aber noch was. *Hilft ihm:* Ist ja wie zugenäht. Oder hast du noch einen anderen Ausgang. Mal sehen. *Sie sucht nach Geld in allen seinen Taschen.* Was zahlst du denn der schönen Frau, die dich in das Geheimnis der Liebe einweiht? Laß mal sehen, was ich finde.

KARLOS Ich habe nichts mehr... ich habe kein Geld mehr.

KAHLE ANNA Und wo ist dann der ganze Reichtum von
deinen schwimmenden Gold- und Silberschiffen?
KARLOS *kreischend, lachend, kichernd:* Ich habe nichts!
Ich habe nichts! Du hast schon alles genommen!
KAHLE ANNA *wütend:* Du Betrüger! Du verlauster Gau-
ner! Infant von Spanien, und nichts in der Tasche! –
So'n Infant hat die Taschen voll mit Goldstückchen,
das klimpert nur so! – Du, geh nach Hause, zu deiner
Mischpoke!

*Sie wirft ihn aus der Tür, er fällt die lange Treppe hinun-
ter und bleibt unten wie tot liegen.*

Um einen alten Mann, der sich immerzu kratzt, sind Steine aufgehäuft. Ringsum eine trostlose, einsame Welt. So hat El Greco die Mondlandschaften der Seele des Königs gemalt. Die Steine, die am Boden verstreut liegen, schweben lautlos empor und bilden eine immer höhere Mauer um den Mann.

3

ZWEI ÄRZTE ÖFFNETEN SEINEN GE-
BROCHENEN SCHÄDEL UND BETRACH-
TETEN DAS GEHIRN. SIE KONNTEN
ABER DEN ZUSTAND NICHT ÄNDERN

Karlos liegt schwerkrank, wie tot, auf dem Bett. Seit Ta-
gen ist er bewußtlos. Er muß sterben, wenn nicht ein
Wunder geschieht. Der König, der Großinquisitor, Eg-
mont, Alba. Staatsrat.

DER KÖNIG *fällt auf die Knie, betet:* Gott, laß ein Wunder geschehen! Laß ein Wunder geschehen! Wenn du
ihn am Leben erhältst, wird die Welt im rechten Glauben bleiben.

GROSSINQUISITOR Alle sieben Ärzte, die ihn untersucht
und behandelt haben, sind zu der Ansicht gekommen,
daß es keine Hoffnung gibt.

DER KÖNIG Laß ein Wunder geschehen! Laß ein Wunder
geschehen.

GROSSINQUISITOR Ich habe nach dem Eremiten Fray
Diego geschickt, von dem man Wunderheilungen berichtet.

DER KÖNIG Wann kommt er? Heute noch?

GROSSINQUISITOR Es ergab sich eine Schwierigkeit: Er
ist vor drei Wochen gestorben.

DER KÖNIG *betet:* Laß ein Wunder geschehen. Rette Karlos! Laß ein Wunder geschehen!

GROSSINQUISITOR Die Mönche haben ihn ausgegraben,
und sie tragen ihn her.

DER NERVÖSE DICHTER Sie haben ihn ausgegraben! Sie

haben ihn unter Geröll und Schutt herausgeholt, und
sie fanden den heiligen Leichnam unversehrt!

EGMONT *ungläubig:* Unversehrt?

DER NERVÖSE DICHTER Ja! Sein Haar ist weitergewachsen
und auch die Nägel an den Fingern und Fußzehen,
obwohl er doch schon vor drei Wochen gestorben ist.
Ein heiliger Mann und ein Wundertäter. Viele erinnern
sich daran, wie er mit dem Knüppel das Wasser aus
dem Stein geschlagen hat, und zwar in der trockensten
Gegend, im Gebirge, wo die Leute verdurstet waren
und herumlagen wie getrocknete Datteln. Großes Ju-
beln und Bravoschreien: ein Wunder! Er hat gelacht
und ist weggegangen. Kurz darauf hat sich die Bevöl-
kerung um die Quelle gestritten, sie haben einander
totgeschlagen. Was geht aber den Heiligen das an! So
sind eben die Menschen: ohne Verstand! *Er ver-
schluckt sich vor Aufregung* – Und noch ein Beispiel:
Hoch war der Turm der Kirche in Altea! Nach dem
Erdbeben hing er schief, die Leute schrien, er wird
umfallen, er wird stürzen, wir können nicht mehr über
den Platz gehen ohne Todesangst. Der Heilige hat ihn
mit zwei Fingern seiner rechten Hand gehalten und
geradegestellt, ohne Mühe! Mit der linken Hand
konnte er sogar noch die Fliegen verscheuchen. Ein
häßlicher Turm, ja, aber was schert sich der Heilige
darum, ob es ein Protected monument ist oder ein Be-
tonklotz. Er tut seine Wunder, wann immer Gott ihm
die Kraft dazu gibt. Was scheren ihn die Kunsthistori-
ker und die Stadtverwaltung! Was kaputt ist, setzt er
wieder zusammen: aus vier Teilen macht er wieder einen Menschen. Der war doch ein Mörder, schrien die

Leute, deshalb haben wir ihn gevierteilt! Ruhig, ruhig! Der Mörder selbst hat sich auch beschwert, denn der Heilige hatte ihm die Beine falsch angesetzt. Das rechte war links, das linke war rechts, wie kann man da rennen, wenn die Hunde hinter einem her hetzen? Aber der Heilige ist eben der Heilige und hat eine andere Logik. – Da bringen sie ihn!

Zwei Mönchen tragen den halbverwesten Leichnam des Heiligen herein und legen ihn zu Karlos auf das Bett.

MÖNCH Näher an den Infanten! Er muß ihn berühren! Die Körper sollen eng aneinander liegen. Schenkel und Hüfte und Schulter sollen sich berühren! Und Wange an Wange!

GROSSINQUISITOR *streng:* Egmont, Sie wenden sich ab?

EGMONT Meine Brille ist beschlagen. Ich kann nicht richtig sehen, ich muß sie säubern.

HÖFLING Er hat sich bewegt!

ANDERER HÖFLING Wer hat sich bewegt?

DER KÖNIG Karlos! Karlos!

HÖFLING *hysterisch:* Der Leichnam hat die Hand erhoben und den Infanten gesegnet!

EGMONT Aber seine Hand ist doch abgefault! Er hat keine Hand mehr!

HÖFLING Er hat ihn gesegnet! Wie können Sie da behaupten, er habe keine Hand mehr!

ANDERER HÖFLING Und jetzt spricht er! Was sagt er?

ANDERER HÖFLING Er spricht mit Karlos! Er flüstert unaufhörlich.

DER KÖNIG Karlos hört ihn!

DER NERVÖSE DICHTER Er flüstert! Ich höre! Es sind blitzende, kleine, Trompetenstöße. Er flüstert, es sind kleine, flüsternde Flämmchen, klickende Steinchen, Knallerbsen, die in Karlos Ohr explodieren, kleine, duftende Rosenwörtchen, sie blühen auf, füllen sein Herz, Samtwörtchen, wie der Sprung einer Katze, raschelnde Distelwörter, glitzernde, springende Regenwörter, Windwörter...

DER KÖNIG Er hört sie! Er hört sie!

EGMONT *zu dem Dichter:* Entschuldigen Sie, wie können Sie so etwas Albernes behaupten! Der Leichnam hat gar keinen Mund mehr, wie kann er da sprechen? Was ich sehe: der halbe Kopf und die Unterpartie seines Gesichtes sind eine schleimige Masse, zwei Zähne, der Gaumen – – – und das einzige, was sich in dieser Gegend bewegt, sind Maden, die sich im Gaumen eingenistet haben, und ein paar Fliegen in den Augenhöhlen...

ALBA Egmont, Sie sind ein Phantast, Sie sehen nur Verwesung!

EIN HÖFLING Er küßt den Infanten! Den Atem gibt er ihm zurück!

DER NERVÖSE DICHTER Oh, du Atem Gottes, der du das Gras belebst und als Sturm über die Weltmeere schlägst!

DER KÖNIG Ich sehe, daß mein Sohn Karlos die Augen öffnet und lebt! Lassen Sie die Glocken läuten in Europa und Amerika! Ein Wunder ist geschehen, Gott hat meinen Sohn am Leben erhalten! Gott liebt meinen Sohn, und ich liebe ihn auch!

KARLOS *richtet sich auf:* Da hör ich es schreien!

DER KÖNIG Welches Tier denn, lieber Karlos?

KARLOS Es schreit! Es schreit!

GROSSINQUISITOR Er meint die Hure.

KARLOS Die Türen gingen auf und zu, Könige und Bi-
schöfe und große Herren kamen herein und wurden zu
nichts; und andere, die nichts waren, wie Viehzeug,
wurden die großen Glanznummern. Ein Ort der Ver-
wandlung mit Vorhängen und Bettlaken und großer
Hitze, so daß die Augen herausquollen. – Wo war ich
denn?

DER KÖNIG Man hat dich vor dem Haus einer Hure gefunden. Da lagst du mit zerbrochenem Kopf auf dem
Pflaster.

KARLOS Da lag ich tot?

DER KÖNIG Wie tot, ja.

KARLOS Ein lächerlicher Zustand!

DER KÖNIG Das Königreich Spanien war darüber in
Trauer.

KARLOS Armer Vater! Ihr Armen, die ihr mit trüben Gesichtern um mich versammelt seid! Seid ihr nicht alle
tot wie ich und könnt über euern Zustand lachen?

DER KÖNIG Du lebst wieder, Karlos!

KARLOS Und wer hat mich in den schönen Zustand des
Todes gebracht?

ALBA Wir suchen den Attentäter. Wir haben alle verhaf-
tet, die in der Nacht bei der Hure waren, und die Hure
auch.

KARLOS *fröhlich:* Sie heißt Kahle Anna!

ALBA Jemand muß Sie überfallen haben, Prinz Karlos.

KARLOS *faltet fromm die Hände:* Ich vergebe dem harten
Stein, auf den ich gefallen bin und auf dem mein Kopf

zerbrochen ist. Ich vergebe dem räudigen Köter, der mein Blut aufgeleckt hat, ich vergebe den Ärzten, die mein Gehirn betrachtet und mich dann aufgegeben haben. Ich vergebe dem schönen Morgenlicht, das mich in meiner Schwäche beleuchtet, obwohl ich vielleicht lieber im Dunkeln verborgen bliebe. *Er sitzt auf einmal im hellen Licht.*

MÖNCH Es ist nicht das Morgenlicht! Der Geist des Heiligen ist über ihn gekommen! *Singt:*
          Sein Flügel hat ihn gestreift
          seine Stimme hat ihn erweckt.

EIN GREIS Wie sanft er spricht!

KARLOS War ich vor meinem plötzlichen Tode anders, als ich jetzt bin, lieber Alba?

Schweigen.

KARLOS Sie schweigen alle. Darüber will mir anscheinend niemand Auskunft geben.

GROSSINQUISITOR Sie hatten manchmal Anfälle von Grausamkeit, Prinz Karlos.

KARLOS Ich erinnere mich nicht. Was tat ich denn?

GROSSINQUISITOR Zum Beispiel haben Sie einen jungen Mann auspeitschen lassen, weil er zufällig lächelte, als Sie an ihm vorübergingen.

KARLOS So.

GREIS Die würdigen Herren des Staatsrats haben Sie verspottet.

KARLOS So.

GROSSINQUISITOR Als Kind haben Sie einem Hündchen die Beine abgeschnitten, weil es Ihnen nachlief.

KARLOS So.

GROSSINQUISITOR Als Zwölfjähriger befahlen Sie einmal die Hinrichtung einer Frau, weil sie einen Eimer Wasser ausgoß und dabei fast Ihre Schuhe bespritzt hätte.

KARLOS So.

DER KÖNIG Erschrick nicht, Karlos. Die Frau mußte nicht sterben. Eine Puppe wurde statt dessen geköpft.

GROSSINQUISITOR Die ausländischen Botschafter haben über die Launen des Infanten an ihre Regierungen berichtet. Man hat die Vorkommnisse mit Befremden zur Kenntnis genommen.

KARLOS Ich war auf dem Weg, ein Ungeheuer zu werden, zum Schrecken der zivilisierten Menschheit! Ich wundere mich, ihr Lieben, daß ihr trotzdem Freude zeigt, mich noch am Leben zu sehen.

MÖNCH *singt:* Sein Flügel hat ihn gestreift
        seine Stimme hat ihn erweckt.

DER KÖNIG Durch die Wunderkraft des Heiligen wurde deine Seele gerettet.

ALBA Wir führen Ihnen alle Personen vor, die in der Mordnacht bei der Hure waren, und bitten Sie, auf den Schuldigen zu deuten.

KARLOS Da sehe ich einen vor mir! Er kam herein und stellte sich auf die Zehenspitzen und behauptete, er sei Prinz Karlos. Sie aber war schlau, sie glaubte ihm nicht. O wie hat sich der Kleine angestrengt, um ihr das zu beweisen!

ALBA Bringt zuerst die Hure herein!

Kahle Anna wird hereingebracht. Sie ist von Mißhandlungen und Folter entstellt.

KARLOS *erfreut:* So sah sie aus! Ich erkenne sie wieder! –
– O meine Schöne, meine Schöne, meine Allerschön-
ste, schöner, als du in meiner Erinnerung ausgesehen
hast, als ich tot war!

KAHLE ANNA Das Gesicht haben sie mir zerschnitten...
wer bist denn du? Mit dem linken Auge seh ich
nichts... mit dem rechten auch nicht... die sind mir
zugeschwollen von Faustschlägen...

KARLOS Er konnte es nicht beweisen. Wie denn? So stand
der kleine Krüppel vor der Dame auf seinen Zehenspitzen und wurde nicht größer.

KAHLE ANNA Jetzt schimmert mir das Licht vorm Auge.
Was für ne Herrlichkeit in diesem Zimmer.

KARLOS Ich bin Karlos.

KAHLE ANNA Ja, Euer Herrlichkeit. Wenn ich doch gemerkt hätte, daß Sie der Prinz sind... Habs nicht ge-
rochen, und am Bezahlen auch nicht... Da hab ich
dich... o wenn ichs bloß nicht getan hätte!

KARLOS Sei still, meine Königin! Hilf meinem armen
Kopf, damit ich mich erinnere.

KAHLE ANNA *schreit:* Wenn ichs bloß nicht getan hätte!

KARLOS Jammere doch nicht!

KAHLE ANNA Ach die Treppe... die steile Treppe...

KARLOS Jetzt fällt es mir ein. Ihr dürft sie nicht beschul-
digen. Sie hat mir nichts angetan. Sie hat mich nicht die
Treppe hinuntergeworfen. Jetzt fällt es mir ein. Ich bin
aus dem Fenster gesprungen. Ja! In die Arme Gottes
wollte ich springen.

GROSSINQUISITOR Das war sehr hochmütig von Ihnen,
Prinz Karlos.

KAHLE ANNA *schreit:* Ja! Ja! Ins Licht ist er gesprungen!

Ein Engel! Ich hab den Flügel gesehn! Er hat mit dem Flügel geflattert!

KARLOS Ach, meine Königin, komm her zu mir, ich will dich meinem Vater zeigen!

KAHLE ANNA Muß gar nicht sein, daß Sie mich vorstellen...

KARLOS Er ist ein alter Mann, und er liebt mich.

KAHLE ANNA Ja, aber ich möchte ihn lieber in Ruhe lassen...

KARLOS *führt die Widerstrebende zu seinem Vater:* Dies ist meine Herzensdame. Behandeln Sie sie bitte gut, lieber Vater. Höflich.

KAHLE ANNA Machen Sie sich keine Mühe...

KARLOS Ich war in ihrem Palast. Dort hat sie mich empfangen.

KAHLE ANNA *flüstert:* Laß mich los, Karlitos, laß mich lieber schnell weggehen... damit ich hier verschwunden bin.

KARLOS *geht nicht darauf ein:* Und dies ist Graf Alba. Ein berühmter Staatsmann.

KAHLE ANNA Kenn ich nicht, will ich gar nicht kennenlernen. Ist mir zu viel Ehre.

KARLOS Diese Herren sind alle versammelt an meinem Auferstehungstag, weil sie um mein Leben besorgt waren. Siehst du, sie begrüßen dich wie eine Königin!

Die Herren des Staatsrats verneigen sich steif.

KAHLE ANNA *versucht, Karlos wegzuzerren:* Ach, schön. Ach, nein.

KARLOS Du hast mir deinen Palast gezeigt, der voller

Leben war, Kahle Anna. Nun will ich dich durch die
Zimmer meines Palastes führen. Sie sind alle leer...
Dreihundert Zimmer... Wir brauchen dazu viele Tage
und Nächte, bis wir müde sind. Dann wollen wir uns
hinlegen und Gott loben dafür, daß er uns vereint hat.
Er geht mit der Widerstrebenden ab.

*Einen Augenblick stehen die Greise des Staatsrats, der
König, der Großinquisitor, Graf Alba ratlos, starr vor
Überraschung. Dann plötzlich rennen sie aufgeregt hin
und her, stürzen zu den Fenstern, blicken, deuten in ver-
schiedene Richtungen und reden durcheinander.*

EIN GREIS *ruft:* Dort laufen sie über die Galerie!

EIN ANDERER *ruft:* Dort stehen sie im Park! Er pflückt
ihr eine Orange!

EIN ANDERER *ruft:* Dort sehe ich ihn! Er trägt die Hure
die Treppe runter!

EIN ANDERER *ruft:* Nein! S i e trägt ihn!

EIN ANDERER *ruft:* Im Spiegelsaal! Da sehe ich sie hundertfach!

EIN ANDERER *ruft:* Hundertfach verschwinden!

EIN ANDERER *ruft:* In der Grotte! Beim Wasserfall!

EIN ANDERER *ruft:* Da! Im türkischen Salon trinken sie
Mokka!

EIN ANDERER *ruft:* Hinter dem Fenstervorhang sind sie
verschwunden!

EIN ANDERER *ruft:* In der Schatzkammer! Sie wühlt in
den Perlen!

EIN ANDERER *ruft:* Dort unten sitzen sie die ganze Zeit
auf der Marmorbank bei der Fontäne.

EGMONT *bei dem halbverwesten Heiligen, preßt sich ein Tuch vors Gesicht:* Was für ein unerträglicher Gestank von Verwesung und Abfall weht von dem Kadaver her!

MÖNCH Das Zehenknöchelchen! Ich hab es ihm abgebrochen. *Er zeigt es vor.* Darüber werden wir eine Kathedrale errichten zur Erinnerung an das Wunder!

Karlos geht in sich gekehrt wie ein frommer Büßer. Der verweste Heilige hüpft um ihn herum, schubst ihn ab und zu in eine andere Richtung. Karlos stolpert, bleibt aber gelassen und fromm. Er steckt jedem der Greise ein Stück Kuchen in den Mund. Sie kauen.

4
DAS GELÄCHTER

Der Staatsrat. Karlos.

KARLOS Meine Herren Greise, ich bin aus Fleisch und
Blut. Fassen Sie mich einmal an! *Er läßt sich betasten.*
Das ist meine Zunge! *Er streckt ihnen die Zunge her-*
aus. Das ist meine Hand! *Er stößt einen der Greise mit*
der Faust. Schreit: Schwachköpfe! – Habt ihr gehört,
das ist meine Stimme! Und so werde ich vor meinen
Vater, den König, treten mit genauen gezirkelten
Schritten und mich verbeugen wie eine Puppe.

König Felipe kommt.

KARLOS Guten Morgen, lieber Vater. Haben Sie gut geschlafen mit der Gicht in Ihren Knochen? Haben Sie
schon Ihre Korrespondenz erledigt, zu zwei Dritteln
oder schon die ganze? – – Sie erkundigen sich gar nicht
nach meiner Herzensdame? War sie nicht nach Ihrem
Geschmack? Ich habe sie in den Puff zurückgebracht,
und sie wurde dort festlich empfangen. Ein schönes
Andenken habe ich ihr mitgegeben: ich habe sie ge-
schwängert. Ich bin sehr neugierig auf das Kind. Ich
werde ein guter Vater sein, ich werde das Kind loben
und ermuntern, auch wenn es ein Frosch wäre, würde
ich es ermuntern zu seinen Sprüngen, ihm Worte der
Zuneigung ins grüne Ohr sagen. Mit ihm sprechen,
sogar in der Sprache der Frösche, wenn es sein muß.

DER KÖNIG Ich dachte, deine Rückkehr ins Leben hätte
   dich geläutert. Du warst so freundlich geworden.
KARLOS Ja, Vater. Güte ist ein angenehmes Gefühl. Mir
   war so wohl, als mir der fromme Honig durch die
   Adern floß.
EIN GREIS Es wurde sogar schon gesagt, daß Sie eine Art
   Heiliger geworden seien.
KARLOS Wie schön! Wie gern hätte ich alle frommen Er-
   wartungen erfüllt, durch Handauflegen, mit meinem
   schielenden Blick. Da hörte ich aber das höhnische
   Gekicher. Ich habe mir die Ohren zugehalten, aber ich
   hörte es trotzdem.
DER KÖNIG Hier in meinem Haus hat sich niemand über
   dein frommes Tun lustig gemacht!
KARLOS *hysterisch:* ER hat gekichert! ER!
DER KÖNIG Du bist krank, Karlos. Es muß ein Nerven-
   fieber sein! Holt doch den Arzt!
KARLOS Der verweste Leichnam wars, er hat mir nicht
   geglaubt! So heilig wollte ich sein wie er, und er hat
   mich ausgelacht! Er hat erst aufgehört, über mich zu
   lachen, als ich wieder in meiner alten Natur war. Ich
   schlug einen rothaarigen Juden tot. Seitdem höre ich
   das Gekicher nicht mehr.
DER KÖNIG O was hat Gott mit dir vor, Karlos, um mich
   zu prüfen!

Der Arzt kommt.

KARLOS Quakorax, quakorax!
DER ARZT Es ist ein der medizinischen Fachwelt bekann-
   tes Phänomen, daß Patienten, die aus einem todähnli-

chen Zustand erwachen, in seltenen Fällen Kenntnisse
aufweisen oder eine Sprache gebrauchen, die sie vor
diesem Zustand nicht erlernt haben.

KARLOS Wo ist denn die kleine Französin, Vater, die Sie
mir versprochen haben? Prüfen Sie sie, ob sie würdig
ist, mit mir verheiratet zu werden! Ich bin zeugungs-
fähig. Und das ist das Wichtigste.

ALBA Die Prinzessin Ysabel von Valois ist auf dem Weg
nach Spanien.

KARLOS Eine weite, gefährliche Reise! Hoffentlich wird
sie gut bewacht, damit sie nicht Räubern in die Hände
fällt, das wertvolle Kind!

ALBA Sie ist die Tochter der Katharina von Medici, und
wir wünschen, daß durch die Verbindung beider Häu-
ser Frankreich sich enger an Spanien anschließt.

KARLOS Ich bin ganz geil darauf.

ALBA Die katholischen Länder müssen eine geschlossene
Phalanx bilden gegen England und gegen die Ketzerei
in den uns anvertrauten Niederlanden.

KARLOS Nicht S i e ! Den A f f e n , den Sie eingesperrt
haben, mache ich in Zukunft zu meinem Berater, er
spricht nicht! – Nicht Sie! Wir würden Konflikte haben, die wir mit Worten nicht beseitigen können. Sie
wollen Blut sehen, ich auch. Ein Kluger das Blut eines
Verrückten. *Er sticht sich mit dem Messer.* Da fließt es.
Ich müßte Sie dafür bestrafen.

GROSSINQUISITOR Der König befiehlt dir zu schweigen.

KARLOS Ich sehe aber gar nicht, daß er den Mund aufreißt. Öffnen Sie doch bitte den Mund, mein könig-
licher Vater! Befehlen Sie mir zu schweigen, wenn Sie
wollen, daß ich schweige. Oder besser noch, öffnen Sie

den Mund und unterhalten Sie sich mit mir, wir haben doch ein paar interessante Themen: zum Beispiel das sexuelle Problem, die kleine Valois im Besonderen, die ich heiraten soll, oder die zweckmäßigsten Methoden zur Beseitigung Andersdenkender, oder die Liebe Gottes ganz allgemein – das wäre doch ein ergiebiges Thema für uns. Machen Sie nur den Mund auf! Nutzen Sie doch die Gelegenheit zu einem amüsanten Gespräch, ehe Sie mich beseitigen.

Der König steht starr.

KARLOS Ach, Sie öffnen den Mund nicht, weil sonst die Fliegen herausschwirren würden, die Ihnen da drin um die faulen Zähne kriechen.

Der König steht starr.

GROSSINQUISITOR Sie haben sich tatsächlich verändert, Prinz Karlos. Diesen Humor hat man vorher an Ihnen nicht bemerkt! Wie komisch! Wie erheiternd! *Er lacht, der ganze Hofstaat bricht in schallendes Gelächter aus.*
DER NERVÖSE DICHTER Da lacht der Großinquisitor, da bricht der ganze Hofstaat in Gelächter aus, da lacht die Stadt Madrid, ganz Europa kreischt vor Lachen, Lachstürme rasen über den Ozean hin bis an die Küsten unserer amerikanischen Kolonien. – Nur der König lacht nicht.

Karlos läuft fort.

5
DAS SILBRIGE KIND

*Die kleine Prinzessin Ysabel von Valois, das silbrige Kind,
steht auf dem Tisch. Die Greise des Staatsrats sehen ihr
unter den Rock. Der König ist versteckt hinter einem Paravent, beobachtet die Szene. Der französische Gesandte.
Karlos.*

GREIS Wie weit erstreckt sich das spanische Weltreich?

YSABEL Bis es dunkel wird. Dann ist es verschwunden.

ANDERER GREIS Wie alt sind Sie, Prinzessin Ysabel?

YSABEL Das weiß ich nicht. *Zum französischen Gesandten:* Wie alt bin ich?

DER GESANDTE Treize, ma princesse.

YSABEL Dreizehn. – Und wie alt sind Sie?

GREIS Die Prinzessin soll nicht fragen, sondern Antworten geben.

YSABEL In Ihrem Bart kriecht ein Käfer!

ANDERER GREIS Was ist die Aufgabe der Königin?

YSABEL Der Ball springt, die Prinzessin springt nicht.

ANDERER GREIS Wem müssen Sie gehorchen, Prinzessin?

YSABEL Ja.

ANDERER GREIS Was tun Sie, wenn Sie am Morgen erwachen?

YSABEL Beten. Und Kakao.

DER GESANDTE So hat sie es gelernt. Nach dem Morgen-
gebet eine Tasse Kakao.

ANDERER GREIS Können Sie vor Gott und vor uns Ihre
Jungfräulichkeit beweisen?

YSABEL *zum französischen Gesandten:* Was ist das?
DER GESANDTE Diese Frage ist die Antwort.
YSABEL Ich komme in das Paradies, wenn ich jetzt ge-
  storben bin.

Karlos bricht in Gelächter aus.

YSABEL *ärgerlich:* Ich mache keine Fehler!
ANDERER GREIS Fürchten Sie den Tod?
YSABEL Jetzt ist er fort.
DER GREIS Wen meinen Sie, Prinzessin?
YSABEL Der Käfer ist fort, er ist in den Kragen gekro-
  chen.
KARLOS *lacht:* Ich heirate die Prinzessin!
ANDERER GREIS Lieben Sie Musik?

Schweigen.

DER GESANDTE Machen Sie den Mund auf, Prinzessin!

Schweigen.

DIE GREISE Den Mund auf! Den Mund auf!

*Ysabel öffnet den Mund weit. Der französische Gesandte
gibt ihr einen Stoß. Ysabel singt eine lange Koloratur.*

DER GESANDTE Ein sehr wohlklingendes Organ!
YSABEL Ich kann nicht singen.
KARLOS Ich habe Sie aber singen hören, Prinzessin!
YSABEL *streckt den Arm aus zu Karlos hin:* Der Herr ist
  taub!

ANDERER GREIS Was ist die schlimmste Sünde?
YSABEL Die Zunge zeigen.
ANDERER GREIS Was ist die schönste Stadt?
YSABEL Gebaut ist fad. Kaputt ist lustig.

Der französische Gesandte gibt ihr einen Stoß.

YSABEL *schnell, wie auswendig gelernt:* Madrid und alle
spanischen Städte in Europa und Amerika.
KARLOS Unsere Städte! Wir werden schöne bucklige,
schielende Kinder zeugen, um sie zu bevölkern.

*Der König kommt hinter dem Paravent hervor, gibt Alba
ein Zeichen.*

ALBA Sie irren, Prinz Karlos. Der König wird Ysabel heiraten.

Aus einer Tür kommen nacheinander sieben adlige Herren und Würdenträger. Sie vermeiden es, in den Raum zu
treten, sie pressen sich mit Rücken, Armen und Kopf
gegen die Wand und schieben sich dabei langsam weiter.

6
DOUBLES

Im Palast. König Felipe. Der Großinquisitor wird einge-
kleidet. Ysabel auf einem Stühlchen, liest.

GROSSINQUISITOR Hören Sie die Glocken, König! Das
   Dröhnen – es ist, als würden schwarze, eiserne Kugeln
   auf die Stadt herunterfallen... Und die Stimmen...
   Einzelne Schreie stechen heraus... das dumpfe, mal-
   mende Geräusch der Erwartung... Es sind doppelt so
   viele Menschen heute in der Stadt wie sonst. Wenn ich
   hinaustrete... die Plaza Major... ein überwältigender
   Anblick. Die Chöre... ein großes allegorisches Schau-
   spiel wird aufgeführt. *Zum Diener:* Wie heißt es?
DER DIENER Das Auto sacramental de la Cortes de la
   Muerte. Die Truppe des Angulo el Malo führt es auf.
GROSSINQUISITOR Eine Auftragsarbeit.
DER DIENER Der Autor heißt...
GROSSINQUISITOR Kunst muß engagiert sein, muß der
   großen Sache dienen. – Was mich schmerzt, König, ist
   dies: die Betroffenen zeigen keine Einsicht. Sie sitzen
   da mit starren Gesichtern unter ihren Kapuzen, auf die
   ihr Todesurteil geschrieben ist. Leere, starre Gesichter!
   Unter den 2000, die ich verbrenne, vielleicht drei, die
   in ihrer letzten Stunde zur Einsicht kommen. *Schreit:*
   Von zweitausend – drei! – – – Dichter sind wichtig,
   König, man muß sie fördern. Theaterstücke, die den
   Kampf, den wir um die Seelen führen, zeigen und in
   denen Gott, Satan und der Glaube auftreten. – – – Sie
   sind nervös, König?

DER KÖNIG Ich denke an Karlos, der mich nicht liebt.

GROSSINQUISITOR Konspiriert er? Mit wem hat er Umgang? Wissen Sie es?

DER KÖNIG Er schleicht hinter dem niederländischen Gesandten Egmont her, schneidet Gesichter, um Egmont auf sich aufmerksam zu machen, schickt ihm Pralinen.

GROSSINQUISITOR Hat er mit ihm gesprochen?

DER KÖNIG Ich habe es bisher verhindern können.

GROSSINQUISITOR Er s o l l mit ihm sprechen!

DER KÖNIG Dann wird er gegen mich konspirieren.

GROSSINQUISITOR Ich meine es so: Er soll mit Egmont sprechen, der aber nicht Egmont ist.

DER KÖNIG Egmont...

GROSSINQUISITOR Sein wäßriger, hellblauer Blick... ein anderer soll diesen wäßrigen, hellblauen Blick haben. Der leichte Sprachfehler – Haben Sie gehört, wie er »Fisch« ausspricht? »Fich«, statt »Fisch«.

DER KÖNIG Ich habe mit Egmont nie über Fische gesprochen.

GROSSINQUISITOR Aber ich! Aber ich! Wir haben über Petrus, den Menschenfischer gesprochen. Den falschen Egmont lassen wir »Fich« sagen! Und »Individium«, anstelle von »Individuum«. Das Wort kommt dauernd in seinen Reden vor, so oft wie bei uns »Gott«.

DER KÖNIG Leider.

GROSSINQUISITOR Und Egmonts Gangart! Das muß ein anderer lernen, jede Geste bis ins Detail. Dazu ein guter Maskenbildner... ein Schneider... Und eine gute Beobachtungsgabe... Da geht der falsche Egmont und ist vom echten nicht mehr zu unterscheiden! Ich gerate ins Schwärmen. Was für eine wunderbare Aufgabe für einen jungen, künstlerisch begabten Menschen! Dann mag Karlos konspirieren und Pläne schmieden, es beschäftigt ihn, es schadet nicht, im Gegenteil, wir erfahren alles rechtzeitig. – Sie zweifeln?

DER KÖNIG Mit einem falschen Egmont könnte man ihn wohl täuschen, er kennt ihn ja nur vom Ansehen aus der Ferne. Aber es gibt andere, die ich fürchten muß. Don Juan ist sein liebster Freund, Arm in Arm sah ich sie durch die Gärten von Aranjuez gehen, aber ich konnte nicht erfahren, was sie miteinander flüsterten.

GROSSINQUISITOR Der hübsche, junge Mann.

DER KÖNIG Ich habe ihn in die Schlacht geschickt.

GROSSINQUISITOR Siegt er? Verliert er?

DER KÖNIG Ich fürchte Juan d'Austria, er ist so jung.

GROSSINQUISITOR Mit ihm ist's noch viel leichter als mit Egmont! Wir finden ein Dutzend, die ihm völlig ähnlich sind, hübsche, junge, leere Gesichter, alle ihm gleich! Lassen Sie Karlos seine Verrätereien mit einem falschen Austria aushecken, den wir ihm schicken. Lassen Sie Vatermord und Gotteslästerung in seine Ohren flüstern, wir erfahren alles. Auch andere ganz gewöhnliche Personen aus seiner Umgebung könnte man austauschen. Den Vorleser... die Lakaien.

DER KÖNIG Wie er um meine junge, lebensgierige Frau Ysabel herumschleicht!

YSABEL *hat das gehört, eifrig:* Ja! Er macht mir immer Zeichen!

GROSSINQUISITOR So? Was für Zeichen?

YSABEL *kneift ein Auge zu:* So.

GROSSINQUISITOR Vielleicht hatte er nur ein Stäubchen im Auge?

YSABEL Es ärgert mich, daß Sie das sagen!

DER KÖNIG Obszöne Gesten hat er nicht gemacht?

YSABEL O ja! O ja!

GROSSINQUISITOR Welcher Art?

YSABEL Wenn ich Ihnen das vorführe...!

DER KÖNIG O meine holde Königin Ysabel!

YSABEL Danke. – – – Bestrafe ihn doch!

GROSSINQUISITOR Was Sie da sagen! Sie kleine strenge
Heilige!

YSABEL Wenn er nach mir züngelt, klebe ihm den Mund
zu! Wenn er an meiner Tür horcht, gieße ihm heißes
Wachs ins Ohr! Wenn er wieder an meinen Kleidern
schnüffelt, schlage ihm die Nase ab!

GROSSINQUISITOR Sie sind wirklich streng!

YSABEL Und sein Zwinkerauge – reiß es raus!

GROSSINQUISITOR *spöttisch:* Na, na!

YSABEL Ich bitte dich, lieber König, laß es mich selber
tun! Ich will ihn zwicken und zwacken!

DER KÖNIG *beunruhigt:* Wie du lachst!

GROSSINQUISITOR Wie das Hälschen klopft! – Beunruhi-
gen Sie sich nicht, König! Wir schicken ihm eine andere Ysabel. Wir finden ein Double.

YSABEL Wie sehe ich denn aus? Wie bin ich denn?

GROSSINQUISITOR Sehen Sie mal den kleinen Vogel da!
Schießt herein, hat nicht gesehen, daß eine Glasscheibe
seinen Himmel teilt. Da liegt er, tot.

YSABEL Ich will ihn haben. *Sie hebt ihn auf.*

DER KÖNIG Ein falscher Austria... und auch die Königin... Aber ich! Ich bleibe doch sein Vater! Hier bin
ich doch wirklich! Dies sind meine Arme! Das ist
meine Krone! Das ist mein Kopf!

GROSSINQUISITOR Es gibt keine Realität außer Gott.

YSABEL *mit dem Vogel beschäftigt:* Die roten Federn...
Ich sammle schöne tote Vögel. Ich habe schon elf.

GROSSINQUISITOR Mir kommt gerade eine sonderbare
Idee, König. *Er lacht:* Ich weiß gar nicht, ob ich sie
Ihnen mitteilen soll. *Lacht:* Plötzlich nämlich kam mir
der Gedanke, daß es auch Gott nicht gibt. Dann wäre
ich der Statthalter... für einen leeren Himmel!

Der König faltet die Hände, betet.

GROSSINQUISITOR Das können wir den Gläubigen nicht
zumuten!

*Er geht hinaus auf den Balkon. Man hört das Brausen der
Menge. Glockenläuten. Scheiterhaufen werden angezün-
det.*

Weiß man es? Da huscht Ysabel vorüber. Da biegt sich
ein Busch auseinander, und Karlos läuft schnell weg. Da
steht Karlos lauernd, wartend. Da wird ein Spiegel vor
das Fenster gehalten, damit man jemand kommen sehen
kann. Da wechselt Ysabel ihr Kleid. Da späht Karlos
durch die Gardine. Da ist Ysabel nackt. Da laufen sie
aufeinander zu. Da sind sie beide verschwunden. Da sitzt
Kahle Anna auf einer Mülltonne und biegt sich vor Lachen.

7
DIE SCHLACHT

*Arbeitszimmer des Königs. Der König am Schreibpult,
kontrolliert Rechnungen.*

KARLOS *reißt die Tür auf, schreit:* Er hat die Türken besiegt!

AUSTRIA *stürmt herein:* Die Türken sind geschlagen!

DER KÖNIG *ohne aufzusehen:* Ich weiß es schon. – Hier
sind schon die Rechnungen.

AUSTRIA Ich war es! Ich war es! Ich!

KARLOS Er war es! Er war es! Er!

DER KÖNIG *kühl:* Held von Lepanto.

AUSTRIA *enthusiastisch:* Im September brach die ganze
Flotte der Heiligen Liga von Messina auf. Das war ein
Risiko, wegen der drohenden Stürme. Ich wollte aber
den Sultan zur Entscheidung zwingen! Ich habe Recht
behalten! Ich habe die Zweifelnden und Ängstlichen
überzeugt! Die feindliche Flotte kam aus ihrem sicheren Versteck und stellte sich uns auf hoher See. Im
Morgengrauen entdeckten wir sie.

DER KÖNIG Bin ich der erste, Austria, dem du das berichtest?

KARLOS Mir hat er schon alles erzählt!

DER KÖNIG Dann muß Karlos ja nicht ein zweites Mal
zuhören!

*Auf einen Wink wird Karlos ein Tuch über den Kopf
geworfen.*

KARLOS *schreit unter dem Tuch:* Mein Freund! Mein
liebster Freund Austria!

Der zappelnde Karlos wird gepackt und hinausgeschafft.

DER KÖNIG Weißt du, was uns eine Galeere kostet? Da
liegen die Rechnungen. Sehr teuer!

AUSTRIA *setzt seinen Bericht fort, zunächst noch irritiert
und stockend, dann redet er sich wieder in Feuer:* Und
während sich die Flotte zum Angriff formiert, auf jedem Schiff letzte Vorbereitung getroffen wird, lasse ich
mich auf einer kleinen, schnellen Fregatte an den Schiffen entlangfahren und rufe den Mannschaften oben zu:
Kinder, zum Tode sind wir fertig und bereit!

DER KÖNIG Ein schönes Wort...

AUSTRIA Ja! – Plötzlich wußte ich das Richtige zu sagen!
Die Worte kamen mir von selbst auf die Lippen! Ich
habe noch mehr gesagt: »Streitet im Namen des Herren! Laßt den Feind nicht fragen: Wo blieb euer
Gott?« schrie ich zu den Schiffen hinauf! Es war fanta-
stisch! Ich fühlte, daß ich allen ins Herz sprechen
konnte! Sie knieten nieder, und ihr Herzschlag war
meiner! Spanier, Venezianer, Genuesen, Deutsche –
ich spürte den Herzschlag der ganzen Christenheit in
meinem Herzen! Und dann die Schlacht! Acht Galeeren voraus unter Juan de Cordona. Dann das Zentrum:
ich! Sechsundzwanzig Galeeren und El Real, mein
Schiff mit der blauseidenen Fahne der Heiligen Liga
am Mast. Und drüben die Flagge Allahs! Ali Paschas
Admiralsschiff schoß auf uns zu, rammte uns, der gewaltige, eisenbeschlagene Steven bohrte sich uns in die

Flanke! Die beiden Schiffe bäumten sich riesig auf, ich schrie über das Krachen des Balkenwerks, über das tosend hereinbrechende Wasser, über den Geschützlärm und Todesschreie hinweg schrie ich *vor Aufregung bringt er das Wort nicht heraus*...

DER KÖNIG *kühl:* Was hast du geschrien?

AUSTRIA Ich weiß die Worte nicht mehr. Es war in der äußersten Todesgefahr, und ich war glücklich.

DER KÖNIG Die Schlacht drohte doch da, wie ich hörte, verlorenzugehen.

AUSTRIA Unser Schiff sank aber nicht! Wir kämpften, um uns herum tobte jetzt die Schlacht! Zweihundert Galeeren von uns, gewaltige Galeeren, und die kleinen, flinken Fregatten dazwischen! Schreie, Kampf und Tod, und der Gekreuzigte über uns!

DER KÖNIG Ein großer Tag für dich.

AUSTRIA Ja! Und für Spanien! Für die Christenheit!

DER KÖNIG Karlos soll über den Sieg geweint haben.

AUSTRIA *irritiert:* Karlos?

DER KÖNIG Oh, du wundervoller, junger Held, du europäische Berühmtheit! Wie wirst du an den Fürstenhöfen betrachtet und bewundert werden! Die funkelnden Augen der Damen, wenn du erzählst! Selbst wenn andere, vielleicht weniger feurig, weniger die Empfindungen als die Fakten berücksichtigend, davon erzählen, werden die Damen verliebt aufseufzen, dir ihr Bild schicken! Und vermutlich sind schon die ersten Flugschriften gedruckt über den Helden von Lepanto!

AUSTRIA Ja, gewiß! – Nun kam Ali Paschas Schiff wieder, schob sich an unsere Breitseite heran und riß die Ruder

weg. Sie warfen die Enterbrücken, sie kamen herüber!
Nun mit dem Degen! Die Türken fielen wie taumelnde
Fliegen. Wir stachen sie nieder, warfen die Leichen, die
Zerhauenen und Verstümmelten über Bord ins rot
schäumende Wasser.

DER KÖNIG Karlos lacht, Karlos weint – erklär mir das!

AUSTRIA Er lacht über den Sieg! Er weint, weil er nicht
dabei war!

DER KÖNIG Du mußt beten, Austria! Du mußt büßen
und fasten!

AUSTRIA Wir feiern doch den Sieg der spanischen Krone,
die Rettung des Abendlandes!

DER KÖNIG Ich höre dich immerzu sagen, daß es schön
und faszinierend war, zu kämpfen und dem Tod nah
zu sein, daß das Schreckliche dich wunderbar belebt
hat!

AUSTRIA Ja! Gott war mir nah, weil so viele Menschen
starben, Gläubige und Heiden!

DER KÖNIG Büße!

AUSTRIA Für den Sieg muß ich doch nicht Buße tun!

DER KÖNIG Dafür, daß du die höllische Schönheit der
Schlachten liebst! Ich höre das aus deinen Beschrei-
bungen heraus!

AUSTRIA Ich erlebe alles noch einmal, wenn ich es be-
schreibe!

DER KÖNIG Sprich nicht mehr mit Karlos!

AUSTRIA *fällt ihm zu Füßen:* Karlos liebt dich doch, er
liebt dich, er liebt dich!

DER KÖNIG Steh auf!

AUSTRIA Ich weiß nicht, wen du fragst und wer dir über
Karlos Auskunft gibt, aber ich bin sein Freund, ich

kenne ihn! Ich kenne ihn besser, als sogar sein Vater ihn kennt. Er liebt dich, König!

DER KÖNIG Er spricht gehässig und abfällig über mich.

AUSTRIA Er liebt dich!

DER KÖNIG Er hat einer hölzernen Puppe, die eine Königskrone trug, die Augen mit dem Messer herausgeschnitten.

AUSTRIA Er liebt dich!

DER KÖNIG Er hat ein Buch herumgezeigt mit leeren Seiten, und auf das Titelblatt hat er geschrieben: »Des Königs große Gedanken.«

AUSTRIA Er liebt dich!

DER KÖNIG Er erschreckt die Königin mit Frechheiten, er geht mit seiner Hure durch die Säle und nennt sie »mein Schweinchen Ysabel«.

AUSTRIA Er liebt dich! Ich laufe sofort und hole ihn zurück, damit er sich dir zu Füßen wirft.

DER KÖNIG Nein, du bleibst hier, Sieger von Lepanto!

Auf seinen Wink kommen zwei Bewaffnete herein und halten Austria fest.

AUSTRIA Läßt du mich verhaften?

DER KÖNIG Du sollst nicht zu Karlos gehen.

AUSTRIA Und mein Sieg? Ich bringe dir die Siegesnachricht, und du läßt mich verhaften?

DER KÖNIG Von Lepanto wird ein Gemälde angefertigt. Du stehst auf dem Flaggschiff. Du wirst deutlich zu sehen sein.

8
KADAVER

*Kabinett des Königs. Der König liegt klagend und schrei-
end auf dem großen blutigen Pferdekadaver. Ohne ihn
zu beachten, läuft Ysabel zickzack in dem engen Raum
hin und her, immer schneller, schließlich wie rasend,
springt gegen die Wände, fällt, springt wieder. Dabei
plappert sie die ganze Zeit vor sich hin.*
*Der nervöse Dichter fingert in losen Manuskriptseiten. Er
setzt an zu sprechen, hört wieder auf, beginnt dann, während der König klagt und schreit, mit ruhiger Stimme
vorzulesen:*

DER NERVÖSE DICHTER »Im ersten Morgenlicht erhob
sich der König, um in die Wüste zu reiten. Niemand
durfte ihn begleiten. Die Landschaft flog unter ihm
dahin, aber die sanft geschwungene Linie des Hori-
zonts blieb unbewegt. Gott hatte sie mit sicherer Hand
gezogen, um das Gestein vom Himmel zu trennen. Er
zog den Strich immer länger, je weiter, je weiter der
König ritt.«
DER KÖNIG *schreit:* Meine Fußgelenke sind abgeknickt!
Die Sehnen zerschnitten! O meine schnellen Hufe! Die
Knie zerbrochen!
YSABEL *ist hingefallen, steht wieder auf...* commençait à
disparaître... disparu. *Sie rennt.*
DER KÖNIG Die Nüstern aufgeschlitzt! O meine Lippen!
Die Zähne mit dem Stiefel aus dem Kiefer gestoßen!
Das Messer fuhr mir in den Hals bis auf das Rückgrat!

Die Kraft der unzerstörbar schönen Rückenlinie ist dahin!

YSABEL *ist hingefallen, steht wieder auf...* disparu doucement... *Rennt.*

DER KÖNIG Das Auge, o mein Auge! Des Mörders Bildnis war auf seinen Grund gemalt und wurde zerquetscht! Mein Auge! O mein Auge!

YSABEL *ist hingefallen, steht wieder auf...* il restait seulement le sourire... *Sie rennt.*

DER KÖNIG Zerfetzt, zerrissen und zerfetzt der schöne Leib! Gedärm und Blut brach heraus! Fällt in das Zimmer, füllt es mit Gestank! Da liege ich in meinem Kot!

YSABEL *ist hingefallen, steht wieder auf...* est-ce que vous avez déjà ou une chose pareille ça... *Sie rennt.*

DER KÖNIG Du kannst nicht schreien, die Zunge ist dir aus dem Schlund gerissen!

YSABEL *ist hingefallen, springt wieder auf...* un sourire sans chat... *Sie rennt.*

DER KÖNIG Ich bin es, der deine Schreie ausstößt!

DER NERVÖSE DICHTER *hat wieder angefangen, mit ruhiger Stimme zu lesen:* »Im ersten Morgenlicht erhob sich der König, um in die Wüste zu reiten. Niemand durfte ihn begleiten. Die Landschaft flog unter ihm dahin, aber die sanft geschwungene Linie des Horizonts blieb unbewegt. Gott hatte sie mit sicherer Hand gezogen, um das Gestein vom Himmel zu trennen. Er zog den Strich immer länger, je weiter, je weiter der König ritt.«

9
VERGESSLICHER KOPF

Salon. Karlos, der falsche Austria.

KARLOS So schön warst du nicht, als ich dich das letzte-
mal sah! Was ist es, daß du mir heute noch schöner
erscheinst als sonst?

DER FALSCHE AUSTRIA Ich bin immer derselbe. Es muß
an dir liegen, Karlos.

KARLOS Die Nackenlinie – so schön! Zieh deine Jacke
aus! Ich helfe dir. Leg sie dahin. Nun sehe ich, wie
deine Brust atmet – so schön! Geh doch bitte zum
Fenster und mach den Laden zu.

DER FALSCHE AUSTRIA Den Laden zu?

KARLOS Ja, damit uns niemand beobachtet. Die Spione
Felipes sitzen draußen in den Bäumen und spähen mit
Ferngläsern herein. Sie lauern darauf, ein Foto zu machen, um dem König den Beweis zu liefern, daß wir
uns heimlich treffen.

DER FALSCHE AUSTRIA Ein Liebespaar.

KARLOS Siehst du jemand da draußen?

DER FALSCHE AUSTRIA *sieht hinaus:* Niemand.

KARLOS Ich wollte dir nur zusehen, wie du durch das
Zimmer gehst und wie du dich aus dem Fenster lehnst
– sehr, sehr schön, schöner als jemals!

DER FALSCHE AUSTRIA Das muß an dir liegen!

KARLOS Ja, an meinem Haß auf meinen Vater! Je mehr
ich ihn hasse, um so mehr liebe ich dich! Um so schöner erscheinst du mir, mein Engel! Seit du das letzte-

mal hier warst, ist mein Haß auf ihn noch gewachsen, das ist wahr. – Was ist das für ein lautes, quälendes Geräusch? Jemand nagelt die Fenster zu!

DER FALSCHE AUSTRIA Ich höre nichts.

KARLOS Jetzt ist es weg. Hast du den König gesehen?

DER FALSCHE AUSTRIA Ja. Gestern.

KARLOS Wie war er?

DER FALSCHE AUSTRIA *vorsichtig:* Weder fröhlich noch traurig. Wie immer.

KARLOS *schreit:* Ich habe sein Pferd erstochen!

DER FALSCHE AUSTRIA Welches?

KARLOS Sein Lieblingspferd. Ich habe einen von den Pferdeburschen beschwätzt, daß er es mir zeigt. Ein schwarzer, tänzelnder Araber. Ich habe mich in den Stall einschließen lassen über Nacht. Und dann das Messer in seinen Hals! Ich war rot von dem Blutstrahl, er schoß mir in den Mund, ich wäre fast erstickt, aber es war herrlich, ich war außer mir! Als der Strahl schwächer wurde, habe ich in seinen Körper gesto-chen, an vielen Stellen, in der Hoffnung, eine neue springende, heiße Quelle zu finden für meinen gierigen Mund. – Er hat nicht geweint?

DER FALSCHE AUSTRIA Der König weint nicht über ein Pferd.

KARLOS Und über seinen Sohn Karlos? Was meinst du, mein Engel?

DER FALSCHE AUSTRIA Ja. Über seinen Sohn hat er schon einmal geweint.

KARLOS Mehr Tränen! Mehr Tränen! Er soll sich in Trä-nen auflösen wie eine Schnecke im Salz!

DER FALSCHE AUSTRIA *lacht:* Die Formulierung muß ich mir merken!

KARLOS Ich möchte so gern mit dir im Bett liegen und
von der zukünftigen Welt träumen. Wir haben doch
schon davon geträumt, wie unser Weltkönigreich sein
soll!

DER FALSCHE AUSTRIA Wie denn?

KARLOS Du weißt es doch!

DER FALSCHE AUSTRIA *unsicher:* Ja –

KARLOS Ich der König! Das war erst gestern, da waren
wir noch Kinder. – Erinnerst du dich, wie wir uns das
erstemal sahen? Neun Jahre alt. Wir saßen auf der Tri-
büne während dem großen Autodafé auf der Plaza
Mayor. – Wie soll unser Königreich sein, erinnere
mich! Dir habe ich doch alles erzählt und schöne For-
mulierungen gefunden. Wie also?

DER FALSCHE AUSTRIA Du sagtest – was sagtest du?

KARLOS Friedlich und schön?

DER FALSCHE AUSTRIA *erleichtert:* Friedlich und schön,
ja.

KARLOS *plötzlich mißtrauisch, lauernd:* Ist das dein
Ernst? Du machst einen Witz! Du bist doch der be-
rühmte Feldherr! Der Sieger von Lepanto! Du liebst
doch das Schlachten und Brennen und Ersäufen! Das
hat dich doch über die Menge armseliger Höflinge hin-
aufgehoben und in der Welt berühmt gemacht! Mein
Engel! Friedlich – davon kann doch der Kriegsheld
Austria nicht schwärmen!

DER FALSCHE AUSTRIA Bei Lepanto kämpfte ich gegen die
Feinde der Christenheit.

KARLOS Für Felipe! – Erinnere mich doch an unsere
schöne Zukunft! Hilf mir, es fällt mir so schwer! Der
Haß auf meinen Vater sitzt mir, ein Tumor, im Gehirn,

ich habe nur kurze, schrille Gedanken dazwischen! – Heute nacht habe ich eine schöne Liste angefertigt, Austria, schön geschrieben. Kalligraphisch schön. Willst du sie sehen? Es ist eine Liste von allen Personen, denen ich den Tod wünsche, und obenan steht mein Vater.

DER FALSCHE AUSTRIA Wer sind die anderen?

KARLOS Hundert Personen.

DER FALSCHE AUSTRIA Interessant. Gib mir das Papier.

KARLOS So gierig? Willst du sie warnen? Ich habe sie verurteilt, sie werden hingerichtet.

DER FALSCHE AUSTRIA Du hast Fieber!

KARLOS Mein Vater – und dann die anderen!

DER FALSCHE AUSTRIA Wer sind die anderen?

KARLOS Rate!

DER FALSCHE AUSTRIA Der Herzog Alba?

KARLOS Ja.

DER FALSCHE AUSTRIA Die Eboli?

KARLOS Du bist findig.

DER FALSCHE AUSTRIA Albuquerque?

KARLOS Ja.

DER FALSCHE AUSTRIA Der Großinquisitor?

KARLOS Der nicht! Den fürchtet der König!

DER FALSCHE AUSTRIA Aber muß er denn nicht weg?

KARLOS Ja. Ich sperre ihn in einen eisernen Käfig, wie mein Vater den Affen. Die Leute sollen das Monstrum betrachten und ihren Kindern zeigen, damit die später ihren Enkeln bezeugen können: Es gab ihn wirklich, und er hatte den Umriß eines Menschenkörpers, sah aus wie ein Mensch und war doch ein Ungeheuer.

DER FALSCHE AUSTRIA Wer noch?

KARLOS Pantoje de la Cruz. Er hat meinen Vater gemalt.

DER FALSCHE AUSTRIA Er sieht häßlich aus auf dem Bild. Der König hat sich darüber geärgert, es soll gar nicht aufgehängt werden.

KARLOS Noch schlimmer! Häßlich, aber großartig gemalt, also ein wirkliches Kunstwerk! Die Qualität dieser Arbeit macht die Epoche Felipes groß. Siglo de Oro! – Pantoje de la Cruz muß sterben.

DER FALSCHE AUSTRIA Ich verstehe.

KARLOS Und Lope.

DER FALSCHE AUSTRIA Der flinke Dichter, was hat er dir getan?

KARLOS Sein neues Stück hat dem König gefallen.

DER FALSCHE AUSTRIA Egmont?

KARLOS Wie kommst du darauf? Mit Egmont verschwören wir uns!

DER FALSCHE AUSTRIA Du hast ihn heimlich getroffen?

KARLOS Noch nicht.

DER FALSCHE AUSTRIA Wann?

KARLOS Frag nicht, frag nicht!

DER FALSCHE AUSTRIA Traust du mir denn nicht, Karlos?

KARLOS Die Liste begeistert mich, ich muß sie alle nennen, ein herrliches Autodafé!

DER FALSCHE AUSTRIA Ysabel?

KARLOS Alle, die um ihn sind und mit ihm reden, bis hinunter zum Optiker, der seine Brille putzt, und zum Stallknecht, der ihm die Steigbügel hält, damit er nicht ausrutscht.

DER FALSCHE AUSTRIA Ysabel?

KARLOS Nein, sie quält ihn.

DER FALSCHE AUSTRIA Es macht nicht den Eindruck, und

die ausländischen Botschafter, die jeden Schritt und jede Miene von ihm beobachten, berichten ihren Regierungen ständig, es sei eine intakte Ehe.

KARLOS Ich weiß, daß sie ihn quält.

DER FALSCHE AUSTRIA Woher weißt du das?

KARLOS Frag nicht!

DER FALSCHE AUSTRIA Hast du eine geheime Informationsquelle, die ich nicht kenne? Wer ist denn dein Informant?

KARLOS Ich brauche niemanden zu bestechen. Ich weiß es von ihr.

DER FALSCHE AUSTRIA Wie ist denn das möglich? Du triffst sie doch nur bei offiziellen Anlässen, und da kann man höchstens einen Blick und ein paar Höflichkeiten wechseln.

KARLOS Auch kleine Zettel.

DER FALSCHE AUSTRIA Was schreibt sie dir da?

KARLOS Die Uhrzeit und den Ort unserer Verabredungen.

DER FALSCHE AUSTRIA Das ist nicht wahr!

KARLOS Ach, nun bist du eifersüchtig, mein Engel.

DER FALSCHE AUSTRIA Nein, besorgt! Es ist lebensgefährlich! Der König läßt sie ständig überwachen! Wo trefft ihr euch denn?

KARLOS Sie ist listig und flink, wie eine Ratte! Sie findet immerzu Gelegenheiten. Wir liegen im Stroh bei den Pferden, es gibt so viele Bodenkammern und Treppenwinkel, wo wir uns beschnuppern und bespringen, zwei geile kleine Hunde. Das macht mich toll. – Schockiert es dich?

DER FALSCHE AUSTRIA Ich bin nun doch... etwas eifersüchtig.

KARLOS Verfluchte Lust am Schwätzen – ich hätte es dir nicht sagen sollen. Es ist zu intim.

DER FALSCHE AUSTRIA Und Austria?

KARLOS Du glaubst, daß du auch auf meiner Liste stehen könntest? Wie sonderbar. Warum?

DER FALSCHE AUSTRIA Weil ich mit dem König über dich gesprochen habe.

KARLOS Und hast ihm unsere Geheimnisse verraten!

DER FALSCHE AUSTRIA *mit gespielter Empörung:* Das traust du mir zu? Du kennst mich doch!

KARLOS Du könntest dich verändert haben – Sieger von Lepanto!

DER FALSCHE AUSTRIA Nein. Nein.

KARLOS Wenn du dich aber doch verändert hättest, würdest du dir alle Mühe geben, das zu verbergen, nicht wahr? – Du siehst blaß aus. Bist du erschrocken?

DER FALSCHE AUSTRIA Das macht die Zimmerluft, ich war doch in Arrest. Ich habe dem König gesagt: Karlos ist gut.

KARLOS Also hast du doch ein Verbrechen begangen, denn du hast meinen Vater beruhigt! Er kann jetzt traumlos schlafen.

DER FALSCHE AUSTRIA Nein, es hat ihn bestürzt. Er hat mich ja deswegen einsperren lassen, ich durfte mein Zimmer nicht verlassen, ich sollte dich nicht treffen. Er wittert sofort eine Verschwörung, wenn ihm jemand sagt, du bist gut.

KARLOS Das war ein schlauer Trick von dir.

DER FALSCHE AUSTRIA Ich bin aus dem Fenster gesprungen und zu dir geeilt.

KARLOS Also streiche ich dich wieder von der Liste, mein

Engel. Mein Vater hat dich immer geliebt, mich hat er nicht geliebt. Ich sehe noch die Flammen des Autodafé, die brennenden Ungläubigen und Philosophen. Ich schrie und wurde von meiner Amme weggebracht.

DER FALSCHE AUSTRIA Ich konnte es aushalten.

KARLOS Ich schrie, weil mich die Flammen entzückt haben. Die brennenden Hüte und Gesichter!

DER FALSCHE AUSTRIA Es war gerecht, deshalb habe ich es ausgehalten.

KARLOS Es hätten noch mehr brennen müssen, das hätte ich noch schöner gefunden, Ketzer und Gläubige – alle.

DER FALSCHE AUSTRIA Warum siehst du mich so an?

KARLOS Ich sollte dich hassen, weil er dich liebt. Aber ich tus nicht. Ich liege mit dir im Bett, und mein Auge malt die Umrisse unserer Utopie an den Plafond. Wie soll es sein?

DER FALSCHE AUSTRIA Du sagtest –

KARLOS Erinnere dich – – –

DER FALSCHE AUSTRIA *schmiegt sich an:* Du bist mir so nah. Du hältst mich so fest.

KARLOS Sag es! Ich bin so vergeßlich.

DER FALSCHE AUSTRIA Friedlich und schön.

KARLOS Umarme mich, mein Engel. Friedlich und schön ist der Tod.

Er umarmt ihn und ersticht ihn mit einer langen Nadel. Er schleift den Leichnam des falschen Austria vor die Tür. Karlos kommt zurück.

DER VERWESTE HEILIGE *hockt in der Ecke, kichert:* Ich habe dir zugesehen.

KARLOS Ich bin ein Killer!

Der verweste Heilige klatscht in die Hände.

KARLOS Du applaudierst mir? Es hat dir gefallen?
DER VERWESTE HEILIGE Kikeriki!
KARLOS Stinkender Leichnam!

Er wirft den Stuhl nach ihm. Der verweste Heilige ist verschwunden. Karlos sieht sich suchend um, geht aus der Tür.

KARLOS *kommt mit dem abgeschnittenen Kopf des falschen Austria zurück:* Ein schöner Körper, herrlich! Wölbe doch deine schöne Brust! Mach deine Tanzschritte, Kopf! Mach die geschmeidigen Schritte zur Freude der Damen, bewege die schönen Schenkel, daß deine Muskeln sich bewegen unter dem Seidenstoff wie lüsterne Schlangen! Hebe den Arm, Kopf! Mach die Siegergeste, mit der du die Schlacht gewinnst! Umarme mich, Kopf! Lege die Arme um meine Schultern, presse mich an dein Herz, Kopf! Wiege mich, daß ich mit dir zusammen den süßen Traum der Freundschaft träume! Zeig mir deinen Schwanz, Kopf! Ich sehe dir zu, wie er schwillt! Der Glücksbringer! Ich bewundere ihn! Sehe ihn mit Freude – mit Andacht! Kopf, du sprichst nicht! Liebst du denn deinen Körper nicht mehr? Ich liebe ihn noch! Auf die Müllkippe, vergeßlicher Kopf! *Er wirft den abgeschlagenen Kopf fort und säubert sich die Hände:* Glitschige Finger!

Zwei Männer mit spitzen Hüten sitzen nebeneinander auf Stühlen. Sie brennen. Die Stühle brennen, ein Buch brennt, eine Standuhr brennt. Ein kleines Kind betrachtet die Szene und zündet sich selber an.

10
SCHON VORHER AUF PAPIER
GESCHRIEBEN

*Abstellkammer im Palast. Hinter zerbrochenen Möbeln,
Paravents, Gerümpel, einem ausrangierten Flügelaltar
und beschädigten Statuen sind der König, die schwangere
Ysabel, der Großinquisitor und andere Würdenträger
versteckt. Die falsche Ysabel kommt mit einem Buch,
setzt sich auf ein bereitgestelltes Sofa, wartet, ernst.*

KARLOS *kommt:* Die Königin hat mich an diesen ver-
steckten Ort bestellt. Niemand äugt, niemand horcht.
Sehr passend für eine Liebesszene. Wie fangen wir an?

DIE FALSCHE YSABEL So nicht!

KARLOS Wie dann?

DIE FALSCHE YSABEL Ecoute, mon petit: Es gehen Gerüchte um, daß wir uns heimlich treffen –

KARLOS *heuchlerisch:* Um Gottes Willen!

DIE FALSCHE YSABEL – und daß wir eine Liaison miteinander haben –

KARLOS Unbegreiflich! – Verklagt uns der Vogel in der
Luft? Schreit die Libelle »Unzucht«? Der Regenwurm
»Mord«?

DIE FALSCHE YSABEL Aber man spricht trotzdem davon!

KARLOS Wo ich doch der Abgewiesene bin! – Weiß man
Details?

DIE FALSCHE YSABEL Man sagt, wir hätten uns sogar im
Pferdestall getroffen.

KARLOS Im Stroh? Das sticht!

DIE FALSCHE YSABEL Ja, im Stroh bei den Pferden!

KARLOS Wie ordinär!

DIE FALSCHE YSABEL Ein andermal hätten wir nackt in einem Gebüsch gelegen.

KARLOS So? Und wo waren die Kleider hingekommen? Hatten wir sie uns von den Leibern abgerissen, als wir atemlos aufeinander zuliefen, weil wir es nicht erwarten konnten, miteinander nackt zu sein? Und hatten wir sie in den Teich geworfen, weil wir nach dem Liebesakt sie nie wieder anziehen wollten?

DIE FALSCHE YSABEL *schlägt nach ihm:* Du kleiner Lümmel!

KARLOS Was wissen die Leute noch?

DIE FALSCHE YSABEL Es wurde sogar gesagt, wir hätten es getrieben wie kleine, geile Hündchen!

KARLOS Eine häßliche Formulierung! Geschmacklos! Wer kann das gesagt haben? Ich denke nach. Ich weiß es nicht. Ich bin wütend.

DIE FALSCHE YSABEL Ich auch! Du mußt doch wissen, wo diese Gerüchte herkommen!

KARLOS Alles, was Sie da sagen, haben Sie vorher auf Papier geschrieben. Lassen Sie doch mal sehen!

DIE FALSCHE YSABEL Nein, nein.

KARLOS Meine Antworten auch schon? – Steht da: »Ich liebe dich, Ysabel«?

DIE FALSCHE YSABEL Unverschämt!

KARLOS Der einzige Mensch, dem ich davon geschwärmt habe, wie schön wir es miteinander treiben könnten, diesen einzigen habe ich gezwungen zu schweigen.

DIE FALSCHE YSABEL *spöttisch:* Ach! »Gezwungen zu schweigen.«

KARLOS Ich habe ihn getötet!

DIE FALSCHE YSABEL Abgemurkst? Wann denn?

KARLOS Meinen Freund Austria.

DIE FALSCHE YSABEL Du lügst, du lügst, ich habe ihn gerade erst Tennis spielen sehen.

KARLOS Ich kanns dir beweisen. Ich habe seinen Kopf im Blumentopf versteckt. Erde drüber.

DIE FALSCHE YSABEL *spöttisch:* Und der Rest?

KARLOS Das ganze Haus ist doch voll mit Kadavern!

DIE FALSCHE YSABEL Das Gerücht über unsere Liaison verbreitet sich im ganzen Palast! Ich sehe, wenn ich in ein Zimmer komme, wie die Leute die Hand vor den Mund halten und flüstern. Sogar in der Kirche, bei der Morgenmesse.

KARLOS Anstatt zu beten!

DIE FALSCHE YSABEL Da kniete ich mit Felipe.

KARLOS Wie schrecklich! Hat mein Vater schon davon gehört? Was sagt er zu der Ferkelei?

DIE FALSCHE YSABEL Er ist ja ein wenig schwerhörig.

KARLOS Senil! Senil! – Aber seine Spitzel schreien es ihm doch direkt in den Gehörgang!

DIE FALSCHE YSABEL Nein, bisher niemand.

KARLOS Herrlich! Dann werden wir noch kühner sein, Ysabel. *Er faßt nach ihr.*

DIE FALSCHE YSABEL *schlägt ihn:* Und wenn i c h es ihm sage? Dann bist du verloren.

KARLOS Sehr schön, aber du auch! Wir verbrennen gemeinsam.

DIE FALSCHE YSABEL Das glaube ich nicht. Er vertraut mir, wir führen eine gute Ehe.

KARLOS Ach ja, ja, ich vergesse es immer!

DIE FALSCHE YSABEL Ehe, das heißt, daß zwei Menschen

aneinander wachsen und reifen. »Biologische und psychologische Grundlage der Ehe ist die Sexualität, die sich mit geistigen und seelischen Motiven zur Liebe erweitert. Durch das Kind wird die Ehe zur Familie.«

KARLOS Bravo!

DIE FALSCHE YSABEL Du verstehst das nicht, du bist nur ein unverschämter, verdorbener, kleiner Junge.

KARLOS Warum haben Sie mich denn hierher bestellt, verehrte Mama?

DIE FALSCHE YSABEL Ich will dich zurechtweisen.

KARLOS Schlagen Sie mir auf die Hände! *Hält seine Hände hin.* Oder ins Gesicht *Nähert sich ihr ganz schnell und schließt die Augen.*

Ysabel kichert in ihrem Versteck.

KARLOS Du lachst über mich!

DIE FALSCHE YSABEL *nervös:* Nein, nein.

KARLOS Sie haben mich hierher bestellt, damit ich Ihnen ein schönes Kind mache!

Wieder kichert Ysabel in ihrem Versteck.

DIE FALSCHE YSABEL *aus dem Konzept gebracht:* Ich bin doch schon schwanger von meinem Ehegatten, dem König.

Ysabel kichert wieder in ihrem Versteck, bis ihr der König den Mund zuhält.

KARLOS *reißt ihr das Kissen unterm Kleid heraus:* Kann

nicht sein, kann nicht sein! Der König ist alt und impotent!

DIE FALSCHE YSABEL *Ängstlich.*

KARLOS *schreit:* Felipe ist alt und impotent!

DIE FALSCHE YSABEL Gar nicht wahr! Gar nicht wahr!

KARLOS Du bist für m i c h nach Madrid geholt worden!

DIE FALSCHE YSABEL Aber dein Vater hat mich weggeschnappt.

KARLOS Er wird bald sterben, und ich bin der zukünftige König! Jeder Mensch hat von der glanzvollen Potenzprobe gehört, der ich mich feierlich unterzogen habe. Viele ausgewählte Persönlichkeiten haben zugesehen, und die Botschafter Europas, die ich geladen hatte, haben darüber ausführlich an ihre Regierungen berichtet.

DIE FALSCHE YSABEL Ich habs nicht gesehen.

KARLOS Den dabei gewonnenen Samen trage ich in einem hübschen, blauen Kristallfläschchen immer bei mir. Wir können Prinzen und Könige zeugen bis in das nächste Jahrtausend.

DIE FALSCHE YSABEL Ich will nicht.

KARLOS Geiles Luder, du hast mich nur hierher bestellt, um erotische Gespräche zu führen und dich daran aufzugeilen! Ich möchte dich endlich nackt sehen. Zieh doch mal dein Kleid aus! *Er fummelt an ihrem Kleid gewaltsam herum* So viele Knöpfe! – Ich reiß es dir ab! *Er zerreißt das Kleid* Ich reiße das Königreich mittendurch!

Die falsche Ysabel flieht. Karlos steht mit dem zerrissenen Kleid, sieht ihr nach.

GROSSINQUISITOR *kommt zum Vorschein:* Wird das eine neue Jacke, Prinz Karlos? Ein schöner Brokat!

11
MONOLOG

KARLOS Der Lakai, der die Karaffe bringt und sie mir auf
den Tisch stellt, immer in die Mitte, stellt sie seit neue-
stem an den Rand. Und der mich nach morgendlichem
Gruß und Kniefall immer ankleidet, beginnt dies seit
einiger Zeit mit dem linken Strumpf statt mit dem
rechten. Er hat die Abfolge vergessen. Und der Flöten-
spieler, dem ich neulich befahl: dasselbe Stück wie gestern!, spielte zögernd ein ganz anderes. Kannte er es
nicht mehr? Und der Vorleser, der sonst so pedantisch
die letzte Zeile des Vortags wiederholt, ehe er weiter-
liest, fing eine halbe Seite vorher an; als ich ihn darauf
hinwies, war er verwirrt, ängstlich. Sonderbar! – –
Auch die Katze kommt mir heute kleiner vor als sonst.

12
IM LABYRINTH DES PARKS

*Der echte Austria in Tränen. Karlos kommt, sieht Austria
auf der Bank, erschrickt, läuft weg. Austria hat ihn nicht
bemerkt. Karlos kommt wieder, nähert sich Austria.*

KARLOS *vorsichtig:* Wer bist du denn?

AUSTRIA Ich dachte, hier finde ich dich.

KARLOS *verwirrt, mißtrauisch:* Du siehst aus wie mein
   schöner, toter Freund Austria. Und du hast auch die
   Stimme wie mein toter Freund Austria. Du weinst ja!
   Weinst du über ihn, oder weinst du über mich?

AUSTRIA Über mich.

KARLOS Soso. – Wo warst du gestern? Wo warst du vor-
   gestern? Und wo warst du vor drei Tagen?

AUSTRIA Ich war in meinem Zimmer.

KARLOS Soso. Und konntest nicht heraus?

AUSTRIA Ich saß auf einem Stuhl mitten im leeren Zimmer und beklagte den Sieger von Lepanto.

KARLOS O! Warum denn das?

AUSTRIA Eingesperrt, zerflossen mir Nacht und Tag,
   niemand hörte mich rufen. Ertrunken
   bin ich, langsam sinkend seh ich
   mit offenen Augen, wie ALLES sinkt:
   zerstückte Leiber, vom Küraß, der sie
   geschützt hat, hinabgezogen, Heiden
   und Christen ineinander verkrallt, verschlungen
   vom blutfarbenen Wasser; die schwarzen
   Rümpfe von Schiffen, geborstene

Kanonen, Schwerter ziellos, von keiner
Hand mehr geführt; Haken, die nichts
mehr entern, Anker, jetzt haltlos, Ruder,
an denen die toten Ruderer in ihren
Ketten hängen, trudeln hinab; Fahnen
langsam und schwer; Takelagen,
die lichterloh brannten und nun
gelöscht sind für alle Zeit; ich seh
die Madonna, die hoch oben im Mast war,
hinuntersinken in schwarze Tiefen, wo
die Schiffe antiker Schlachten
im Dunkel aufgetürmt liegen, Todesgebirge.
Kraken, Schlangen und dem furchtsamen
Menschenauge seit Jahrtausenden
verborgene Ungeheuer kriechen darüber hin
auf der Suche nach Fleisch. Der König
nahm mir den Sieg.

KARLOS Laß mich deinen Kopf anfassen. *Er betastet Austrias Kopf, zuerst sehr vorsichtig, zögernd, dann fester,
er biegt ihn, dreht ihn, drückt ihn nach hinten, so daß
Austria fast von der Bank fällt.*

AUSTRIA Willst du mich umbringen, Karlos? Dann tu es!

KARLOS *erschrickt, läßt ihn schnell los:* Sag das nicht!

AUSTRIA Ich bin so betrübt, daß ich sterben möchte.

KARLOS Doch nicht durch meine Hand! Ich liebe dich,
Austria, und ich bin so froh, daß ich dich sehe! Bitte,
sage mir, findest du mich verändert?

AUSTRIA Nein.

KARLOS Erkennst du mich denn wieder?

AUSTRIA Jaja. Warum denn nicht?

KARLOS Auch meine Stimme?

AUSTRIA Du sprichst wie immer.

KARLOS Aber du schienst mir verändert, als ich mit dir redete.

AUSTRIA Jetzt?

KARLOS Nein, vor drei Tagen.

AUSTRIA Da saß ich doch allein in meinem Zimmer!

KARLOS Ich will dir ein schreckliches Geheimnis verraten! Sind wir belauscht? *Er reißt die Büsche auseinander.* Die Vögel sitzen unter den Blättern und lauschen. Die Würmer am Boden richten sich auf, und die Orchideen öffnen ihre lauschenden Ohren! – Komm beiseite! Du bist der einzige Mensch, dem ich es anvertrauen kann. Ich habe nämlich entdeckt, daß ich – bist du mein Freund?

AUSTRIA Warum zweifelst du?

KARLOS Nein, nein, ich zweifle jetzt nicht mehr. Ich glaube meinem Herzen mehr als meinen Augen. Denn was meine Augen gesehen haben, war schrecklich. Sie sahen deinen Kopf –

AUSTRIA Ja, meinen Kopf...

KARLOS Ich habe entdeckt, daß ich verrückt bin! Merkt man das nicht?

AUSTRIA Du bist Karlos, wie ich dich schon immer kenne.

KARLOS Wenn es jemand dem König verrät, sperrt er mich in einen Käfig und zeigt mich den ausländischen Gästen vor. »Mein Sohn ist irrsinnig! Mein Sohn ist irrsinnig! Arme Welt, wenn er zur Herrschaft käme!«

AUSTRIA Beruhige dich doch!

KARLOS Es war so schrecklich! Ich sah mich deinen Kopf

in der Hand halten, und ich sprach mit deinem Kopf, aber dein Körper lag blutig vor meiner Tür.

AUSTRIA Ich bin doch hier!

KARLOS Ich zeige dir den Blumentopf, in dem dein Kopf – nein! Du bist hier und lebst! Mein Gehirn hat dieses Schauerstück entworfen und mir vorgespielt!

AUSTRIA *steht auf und will weggehen:* Ich will es nicht hören.

KARLOS *hält ihn fest:* Ich bitte dich, bleib hier! Glaub mir, daß ich jetzt ganz bei Verstand bin: Ich sehe dich und berühre dich, ich fasse deine Hand, und ich weiß, es ist Austrias Freundeshand, ich zweifle nicht. Es ist die Hand, die mich ins Freie zieht. Ich habe mit Egmont noch nicht gesprochen, aber ich habe ihn gestern wissen lassen, daß ich ihn heimlich treffen will. Ich werde König der Niederlande. Wir schütten das Meer zu und machen das Land größer. Ich muß eine neue Gangart lernen und eine andere Sprechweise. Keine Floskeln... keine Wörter aus Wörtern... aus unseren Taten sollen Wörter entstehen in einer neuen Sprache. Besorge ein Schiff, Austria, Freund! Du wirst mein Admiral und hast eine Flotte von schnellen Schiffen, die die schwarzen spanischen Särge in den Meeresgrund bohren. Mein Siegeradmiral! *Umarmt ihn.* Was hat der König gesagt?

AUSTRIA Worüber?

KARLOS Das fragst du!

AUSTRIA Er hat... keinen Verdacht.

KARLOS Seltsam.

AUSTRIA Im Moment beschäftigt ihn hauptsächlich der englische Ärger und die Conquista... Schreibt

Briefe... Theologische Dispute darüber, ob man den Affen taufen läßt.

KARLOS Er muß doch deinen Leichnam gesehen haben, wie er vor der Tür lag?

Austria schweigt erschrocken.

KARLOS Du siehst so erschrocken aus. Bist du ängstlich, Austria?

AUSTRIA Noch nie in meinem Leben.

KARLOS Dann besorg das Schiff. Ich muß das Schiff haben.

SPION Der Prinz verfaßt ein Pamphlet über die ständigen Reisen des Königs. Vom Escorial nach Toledo, von Toledo nach Aranjuez, von Aranjuez nach Madrid, von Madrid zum Escorial. Immer im Kreis herum. Es sei, sagt er, der neurotische Bewegungszwang eines Eingesperrten.

13
EGMONT SAH AUS WIE EGMONT UND REDETE AUCH WIE EGMONT

Karlos in seinem Zimmer. Egmont steht ruhig in der Mitte des Zimmers und sieht zu, wie Karlos aufgeregt hin und her rennt, die Türen und die Fenster verschließt, den Kamin verhängt. Endlich beruhigt sich Karlos, wendet sich Egmont zu.

KARLOS Egmont, ist der Mensch das Ziel der Schöpfung?

EGMONT Ja, Prinz Karlos.

KARLOS Und innerhalb der Gattung war es das ehrgeizigste Ziel der Schöpfung, mich hervorzubringen!

EGMONT Nein, Prinz Karlos.

KARLOS Eine freche Antwort.

EGMONT Sie sind nicht frei.

KARLOS Ich bin nicht frei von meinem tyrannischen Vater, meinst du!

EGMONT Ja, Prinz Karlos. Wie die Niederlande.

KARLOS Ich könnte mir auch andere Ziele der Schöpfung vorstellen: Daß sie aus Explosionen und Chaos und Schwärze einen schönen, blauen, schimmernden Ball entstehen ließ, der ruhig in der unendlichen Harmonie des Weltalls schwebt, herrlich von oben anzusehen. Und darauf hätte sich leider in letzter Zeit ein grauer Schorf gebildet, der sich immer mehr ausbreitet, eine Krätze, eine ekelerregende Hautkrankheit: – die Menschheit!

EGMONT So denke ich nicht.

KARLOS Sie haben nicht recht! Man kann zwar sagen, ich
bin nicht frei, weil mein Vater auf dem Thron sitzt und
mit seinen Soldaten und seinen Briefen seinen Willen
über Europa und Amerika ausbreitet, während ich wie
ein zappelnder Narr daneben stehe, meiner Mutter
Königin die Füßchen küsse und dann in den Stall renne,
um meines großen Vaters Pferd totzustechen – – –

EGMONT Davon habe ich gehört –

KARLOS Mit dreißig Stichen! Ziemlich blutig! Was redet
man in den Niederlanden darüber? Hat man das vielleicht schon als ein Zeichen gesehen? Hat man, als man
das hörte, vielleicht schon daran gedacht, mit dem Attentäter in Verbindung zu treten und mit ihm eine Verschwörung gegen den König anzuzetteln?

EGMONT Ein Pferd ist bloß ein Pferd, Prinz Karlos.

KARLOS *giftig:* Es war sein Lieblingspferd! – – – Ich bin
nicht der Narr, für den Sie mich ansehen, Egmont! Ich
bin der Gott meiner Entscheidungen!

EGMONT Das glaube ich schwerlich –

KARLOS *läuft herum, stolpert:* Meine Waden sind zu
dünn. Aber das läßt sich ausgleichen.

EGMONT Flandern wird Ihnen huldigen als dem legiti-
men Regenten. Will dies der König nicht zulassen, so
wird das freie Volk von Flandern zu den Waffen grei-
fen, um Sie zu verteidigen.

KARLOS Wenn Sie mich zu häßlich finden, um mich zu
bewundern, dann bewundern Sie doch den Gott in mir
– ich bin der Gott meiner Entscheidungen, es gibt keinen anderen! I c h allein befinde darüber, ob es gut
oder böse ist, was ich tue. Ich sehe keinen Teufel und
keinen Engel, außer denen, die ich aus dem Kopf brüte
und vor mich hinstelle.

EGMONT Das möchte ich mir notieren. *Er schreibt in sein Notizbuch.*

KARLOS So einen König brauchen Sie in Ihrem Land! Nicht einen, der auf den Großinquisitor horcht, damit er ihm die Befehle Gottes mitteilt.

Egmont sieht Karlos schweigend an.

KARLOS Sie antworten mir nicht. Wir haben gemeinsame Interessen, deshalb treffen wir uns hier, wo niemand uns zuhört. *Er horcht an den Türen.*

EGMONT Wir haben einen gemeinsamen Feind, Prinz Karlos, aber nicht ein gemeinsames Ziel. Darüber muß ich noch nachdenken.

KARLOS Felipe! Felipe! Felipe!

EGMONT Sie regen sich übermäßig auf, das ist nicht günstig für Sie.

KARLOS *sachlich:* Sie haben recht. Meine Nerven sind überreizt. Ich habe Pläne im Kopf, Fäden gespannt, die Verschwörung entworfen in allen Details – ich möchte handeln. – Kennen Sie Juan d'Austria?

EGMONT Nicht persönlich. Nur seinen berühmten Namen.

KARLOS Stellen Sie sich vor: Ich hatte seinen Kopf in einem Blumentopf versteckt und Erde darübergekrümelt. Aber dann war der Topf verschwunden.

Egmont sieht Karlos befremdet an.

KARLOS Ich sehe Ihren irritierten Blick. Keine Sorge! Er ist mein allerliebster Freund. Wir können ihm vertrauen.

EGMONT Die Oppositionellen haben einen gemeinsamen
Entwurf über die Zukunft der Niederlande noch nicht
gemacht.

KARLOS Wie ruhig! Wie sachlich Sie sind!

EGMONT Das konkrete politische Ziel erfordert Sachlich-
keit.

KARLOS Das bewundere ich! – – – Hatten Sie sich eine
andere Vorstellung von mir gemacht? Nun sind Sie
irritiert? Sie wollen mich nicht haben? Sie finden mich
häßlich?

EGMONT Ich sehe nicht, ob Sie häßlich oder schön sind.
Darauf kommt es nicht an.

KARLOS Austria ist s e h r schön!

EGMONT Es kommt uns auf die Legitimation an. Wir
wollen die Veränderung der politischen und gesell-
schaftlichen Verhältnisse in unserem Land, die erfor-
derliche Legitimation wäre im Verständigungsfalle
durch die Person des Infanten gegeben.

KARLOS Ich der König!

EGMONT Ja, aber – – –

KARLOS Sie müssen viele Bilder von mir ausstellen, damit
das Volk mich vor Augen hat. Es müssen schöne Bilder
sein –

EGMONT Ihre Person sollte gefallen, Prinz Karlos,
aber...

KARLOS Und Theaterstücke, in denen ich vorkomme!
Ein stolzer, junger Prinz, der seinen verhaßten Vater
tötet. Allegorische Darstellungen meines Königtums:
Kraft, Schönheit, Klugheit...

EGMONT Gerechtigkeit.

KARLOS Die ist langweilig. Eine protestantische Erfin-

dung. Gott ist nicht gerecht, das sehen Sie an mir. Aber
wenn die Leute die unbedingt brauchen... Es gibt ein
sehr schönes Gemälde von mir, kennen Sie es?

EGMONT Nein.

KARLOS Gelb und schwarz. Gelbes Wams. Der Gürtel-
riemen ist so gelegt, daß mein Geschlechtsteil beson-
ders hervortritt, um auf meine Potenz hinzuweisen.

EGMONT Man wird nicht fragen: ist er schön, sondern:
dient er den Interessen des Landes? Schützt er die Interessen der Geschäftsleute, garantiert er die Handels-
freiheit, will er Gleichheit und soziale Gerechtigkeit
für alle, für jedes Individium, nicht nur für ein paar
privilegierte Familien? Sind seine Worte wie seine Taten? Stellt er seine eigenen Wünsche zurück zugunsten
der Wünsche aller? Will er den Fortschritt? Das wird
man ihn fragen, Prinz Karlos, und man wird sorgfältig
prüfen, ob sein Bild diesen Fragen standhält. Dann
wird man ihn und sein Abbild schön finden.

KARLOS Schon gut. Schon gut. Wichtig ist nur: Sie wollen meinem Vater die fetten Niederlande aus den
Klauen reißen.

EGMONT Ja. Das will ich.

KARLOS Geben Sie mir Ihre Hand.

*Egmont hält ihm die Hand hin. Karlos beißt ihm plötzlich
den Finger ab. Egmont bleibt starr, beherrscht.*

KARLOS Ihr Finger! Ich wollte sehen, ob Sie aus Fleisch
und Blut sind. Ich irre mich in der letzten Zeit manchmal. Da sehen Sie mich an mit Ihren Gänseaugen! Tut
es nicht weh?

EGMONT Ja. Es schmerzt.

KARLOS Wie ich Sie bewundere, Egmont! Das Schiff, das
mich in Ihr Land bringt, ist schon bereit. Austria hat
alles veranlaßt. Ich muß nur unbeobachtet nach Barcelona gelangen. Dort liegt es. *Reißt alle Fenster und
Türen auf, rennt weg.*

EGMONT *allein, schreit auf:* Verdammter Finger! Ver-
fluchter Schmerz!

14
»DEINE VERDAMMNIS SCHLÄFT NICHT«

Vor der Stadt. Karlos schleppt seinen Koffer. Die Theater-
truppe des Angulo del Malo auf dem Weg nach Barcelona:
Gott, Satan, Engel, Schlange, Tod, der Theaterdirektor.

GOTT Na, du buckliger Zwerg, wohin rennst du denn?

ENGEL Allerkostbarste Gangart!

THEATERDIREKTOR Haben wir denselben Weg?

ENGEL Von der Plaza Mayor direkt nach Barcelona, wo
wir schon plakatiert sind.

ANDERER ENGEL Und hatten noch gar nicht die Zeit, uns
umzuziehen.

KARLOS Wer sind Sie?

GOTT Kennst du mich nicht? Ich bin Gott.

SATAN Er kennt wohl eher m i c h !

SCHLANGE Komm mal näher, komm mal näher!

GOTT Arbeitest du immer mit dem Buckel? Nimm ihn
doch mal ab!

SATAN Ich zieh dir mal das Gesicht gerade. Dann kannst
du sogar den jugendlichen Helden spielen.

KARLOS *kreischt:* Ich bin kein Schauspieler! Laßt mich
los! Ich bin der Infant von Spanien!

SATAN Ich bin der Satan!

ENGEL Ich bin der Erzengel Gabriel!

SCHLANGE Ich bin die Schlange!

THEATERDIREKTOR Ich bin der Theaterdirektor Angulo
del Malo. An mich mußt du dich wenden. Wir suchen
noch einen Komiker, unser alter hat Zungenkrebs.

ENGEL *sieht in die Ferne:* Da kommt ein Bote mit einer
  Nachricht!

Auftritt des Boten.

GOTT Warum hetzt er denn so?
DER BOTE *übergibt Karlos einen Brief:* Von der Königin
  in geheimer Mission.
KARLOS *liest den Brief:* »Komm zu deiner Ysabel, die
  dich liebt« – – – Sie liebt mich! Sie will mich – – –
  Er läuft eilig davon, läßt sein Gepäck stehen.

Eine Hand reicht durch eine geheime Tapetentür den Greisen des Staatsrats einen Brief hin. Die Königin schreibt an ihre Mutter Katharina von Medici. Sie lassen das Blatt von Hand zu Hand gehen, lesen flüsternd, murmelnd, lüstern immer wieder die Zeile: Je suis la plus heureuse femme du monde. Der Raum summt und vibriert von dieser Zeile. Je vous assure, Madame, que je suis la plus heureuse femme du monde.

15
EINE ÜBERRASCHENDE MITTEILUNG

König Felipe, Ysabel, Karlos.

YSABEL Guten Abend, liebes Söhnchen, lieber Kleiner! Weinst du?

KARLOS Ja. Ich weine.

YSABEL Hat dich der Vater auf die Finger geschlagen, weil du nicht artig warst?

KARLOS Ich bin sehr artig, Mama.

YSABEL Du hast deiner Mama noch nicht die Hände geküßt.

KARLOS Verzeihung, Mama, mein Mund ist klebrig. Ich darf Sie nicht küssen.

YSABEL Ich werde dein Mündchen abwischen, komm!

KARLOS Nein, nein, nein, das geht nicht, Mama, das bringt meinen Vater in Wut! Das hat er verboten. Und ich will ihm ja gehorchen.

YSABEL Hören Sie nur, König, wie gehorsam Ihr lieber Sohn ist!

KARLOS Ich tue alles, alles!

YSABEL Hören Sie, König, er tut alles, damit Sie ihn lieben.

DER KÖNIG Ich kann in der Nacht nicht schlafen, weil ich ihn liebe.

KARLOS Wen? – Liegen Sie denn nicht mit Mama im Bett, Vater?

YSABEL *klatscht in die Hände:* Oh ja! Oh ja! Oh ja!

KARLOS Mit der unersättlichen Liebeskünstlerin! Macht sie es denn auch auf französisch?

YSABEL Wir denken beide an dich.

KARLOS Ich danke Ihnen, Mama. Richten Sie meinem Vater aus, daß ich ihm ebenfalls danke.

YSABEL Hören Sie nur, König, er dankt Ihnen!

KARLOS Meine Tränen sind jetzt getrocknet.

YSABEL Ach, mein dummes, kleines Kerlchen!

DER KÖNIG War Egmont bei dir?

KARLOS Ein schöner Nachtgedanke! Wie kam er Ihnen geflogen?

DER KÖNIG Man hat darüber gesprochen, Karlos, und ich habe es gehört.

KARLOS So lagen Sie in Ihrem Bett mit dem Ohr an der Wand! Was hat meine Mama in dieser Zeit gemacht?

YSABEL Mein liebes Söhnchen!

KARLOS Nun gut! Egmont hat mich besucht.

DER KÖNIG Wie hat er denn ausgesehen?

KARLOS Wie er immer aussieht.

DER KÖNIG Man kann sich ja täuschen, Karlos.

KARLOS Ich habe mich in Egmont nicht getäuscht.

DER KÖNIG Was habt ihr gemacht?

KARLOS Wir sind im Zimmer auf und ab gegangen. Einmal ist e r stehengeblieben, einmal bin i c h stehengeblieben, dann wieder er, dann ich – und das noch mehrere Male.

DER KÖNIG Worüber habt ihr geredet?

KARLOS Er war sehr schweigsam, und ich war auch schweigsam. Ich glaube, wir haben hauptsächlich gedacht und gegrübelt.

DER KÖNIG Man hat euch reden hören!

KARLOS Ach! Hat man Worte gehört? So müssen uns Wörter entschlüpft sein wie im Traum. Was waren es denn für Wörter? Ich kann mich nicht erinnern. Es müssen belanglose Wörter gewesen sein, die man sich nicht merkt: Wörter wie »infolgedessen«, »unbedingt«, »ordnungshalber«, »keinesfalls«, »agréable«, »wohlüberlegt«. Und was zwischen diesen Wörtern vorgefallen ist, kann ich nicht sagen. Wissen Sie es?

DER KÖNIG »Die Niederlande.«

KARLOS Ein langweiliges, demokratisch-flaches Land.

YSABEL Darin sind aber schöne spanische Städte!

KARLOS Das können Sie nicht wissen, Mama! Sie haben in Ihrem Leben nur eine einzige Reise gemacht, hierher, in den Escorial, und Sie werden wahrscheinlich auch keine andere mehr machen. Ihre zierlichen Füße sind dafür nicht geeignet.

YSABEL Aber, mein Kleiner, wie kannst du das beurteilen?

KARLOS Ich bin ein Kenner, Mama! Das wissen Sie doch! Ich bitte Sie, mir zu erlauben, Ihre Schuhe aufzuknüpfen, Ihr Füßchen zu entblößen und der Welt zu beweisen, was die Königin für einen zierlichen nackten Fuß hat.

Er kniet nieder, um ihr die Schuhe auszuziehen. Ysabel stößt ihn mit dem Fuß weg.

YSABEL Méchant!

KARLOS *jammert:* Meine Mama hat mich getreten, und mein Vater wirft mir vor, daß ich konspiriere!

DER KÖNIG Im Gegenteil, Karlos! Ich will dich loben. Wie klug war es von dir, daß du Egmont nicht hast weggehen lassen aus deinem Zimmer!

KARLOS Ja. Er ist lange geblieben. Aber schließlich ist er doch gegangen, noch bei Helligkeit.

DER KÖNIG Ja. Mit den Füßen nach vorn.

KARLOS Was meinen Sie?

DER KÖNIG Du hast energisch gehandelt und mir einen großen Dienst getan.

KARLOS Ich?

DER KÖNIG Und du hast einen staatsmännischen Blick bewiesen, den ich, das muß ich gestehen, von dir nicht erwartet hatte.

YSABEL Was hat der Kleine denn angestellt?

DER KÖNIG Er hat Egmont zu sich gelockt und erstochen.

KARLOS Ich? Ich?

YSABEL Wie grausam!

DER KÖNIG *zu Ysabel:* Es mußte sein. Er hat das erkannt und gehandelt.

YSABEL Wie hast du das denn angestellt, mein Söhnchen?

DER KÖNIG *zu Ysabel:* Mit einer langen Nadel. Es gab fast keine Spuren, nirgends Blut auf dem Boden oder an den Möbeln. Keine Spur von einem Kampf.

YSABEL *zu Karlos:* Egmont hat dich angegriffen?

DER KÖNIG *zu Ysabel:* Nein, nein! Er war sehr geschickt. Er hat Egmont von hinten erstochen, als der sich umwandte, um eine Bemerkung in sein Notizbuch einzutragen. Die feine Nadel drang von hinten unter dem Schulterblatt ins Herz. So starb er lautlos.

KARLOS Was sagen Sie da, Vater?

DER KÖNIG *zieht Egmonts Notizbuch aus der Tasche:* Das hat man mir gebracht zum Beweis.

YSABEL Ein kostbares Büchlein!

DER KÖNIG *blättert in dem Notizbuch:* Darin hatte Egmont notiert: »Ich bin der Gott meiner Entscheidungen.«

KARLOS *erkennt sein eigenes Zitat, stammelt:* »Ich bin der Gott...«

DER KÖNIG Hier steht es, hier steht es in Egmonts Schrift! Du hast recht, Karlos, wer dieses sagt, der hat das Recht verwirkt, in meinem Land zu leben.

YSABEL *lächelt:* Ach, jetzt bist du ganz verwirrt! Ich glaube, du verlierst noch eines Tages den Verstand, Söhnchen.

16
FREI!

Karlos am Käfig des Wilden. Nacht.

KARLOS Es ist so finster! Ich seh dich nicht! Aber du bist
doch da, ich höre dich keuchen! Du kauerst sprungbe-
reit! Wenn die eisernen Stäbe deinen Körper nicht
pressen würden, dann stündest du gewaltig auf und
würdest Verwüstung um dich herum verbreiten.
Warte, ich schließ deinen Käfig auf, Affe! Du tötest,
um zu töten, und brennst aus Gier nach der Flamme!
Komm, anfänglicher Mensch! Brenne und töte, ehe dir
Gedanken kommen, die deine Taten zu Verbrechen
machen! – – – König, das heißt dir nichts. Man hat dich
die Sprache nicht gelehrt, die Wörter der Unterschei-
dung: Affe, Mensch, König, oder GOTT, von dem es
heißt, daß er allmächtig ist. Nichts ist für dich benannt.
– Denkst du: »ICH«? Nein, du denkst nicht. Du kennst
den Zweifel nicht, du grübelst nicht darüber nach, ob
du lebst oder ob du zwar deinen Schatten siehst, aber
bist selber nicht. Es ängstigt dich nicht, daß die Sterne
herunterfallen und der schwarze Himmel am Ende er-
loschen und leer ist wie dein Herz. – Nach dir, schwar-
zes Ungeheuer, habe ich mich gesehnt. Komm raus!
Komm raus! Ich nehm dir die Stricke ab! – Befrei deine
Arme, um damit den Brand in den Escorial zu schleu-
dern!
*Er gibt dem befreiten Wilden die Fackel in die Hand
und stößt ihn fort.*

Dort, der Pulverturm! Wirf die Fackel hinein! Ich geh nicht mit dir, dort oben stehe ich am Fenster und sehe hinunter.

17
FEUERSEGEL

Im Zimmer von Karlos. Nacht. Karlos steht am Fenster.

DER VERWESTE HEILIGE Worauf wartest du denn?

KARLOS Ich warte darauf, daß es plötzlich taghell wird.

DER VERWESTE HEILIGE Morgen früh wird es hell. Es wird jeden Morgen hell mit dem Hahnenschrei. Da müssen meine Hühner gefüttert werden.

KARLOS Jetzt! Jetzt!

DER VERWESTE HEILIGE Du rollst die Sonne auch nicht schneller hoch, bloß weil du der Sohn von Spanien bist.

KARLOS Wirst schon sehen. Stell dich hier neben mich!

DER VERWESTE HEILIGE *springt neben Karlos ans Fenster:* Eine stille, schöne Nacht!

KARLOS Ich höre Explosionen, Schüsse, Schreie, seh helle, weiße Blitze.

DER VERWESTE HEILIGE Ach, du Armer.

KARLOS *stößt den verwesten Heiligen:* Stinkender, verwester, schleimiger Leichnam!

DER VERWESTE HEILIGE Ich verzeih dir.

KARLOS Ich faß dich an und habe nur Schleim in der Hand, weil ich dich angefaßt habe. Ekelhaft! Mich ekelt!

DER VERWESTE HEILIGE *kichert:* Und doch hast du stillgehalten, als ich neben dir im Bett lag! Ein schwaches Federchen! Die Seele war schon fort. Da habe ich sie wieder eingefangen. Ich habe dich gerettet. Ich habe

dich gekitzelt, und du hast gezappelt und warst wieder
lebendig. Alle haben deswegen Gott gelobt!

KARLOS *höhnisch:* Mein Vater hat Gott gelobt!

DER VERWESTE HEILIGE Der auch. Alle.

KARLOS *sieht aus dem Fenster:* Jetzt wird es gleich hell.
Sieh mal, da blitzt es auf! Und gleich schlagen Flammen hoch. Ein heller weißer Blitz, und die Mauern
bersten, und die Kuppeln fallen herunter, und Detona-
tionen erschüttern den Himmel.

DER VERWESTE HEILIGE Du Armer! Es ist ganz still! Das
Feuerwerk ist bloß in deinem Kopf. Immer bist du
krank, immer wieder packt das Fieber deinen armen
kleinen Körper und schüttelt ihn. Du zitterst! Deine
Haut ist mit Pusteln übersät, überall, wie von tausend
Vulkänchen. Rot mit Eiterspitzen! Das tut dir so weh!

KARLOS Ich bin schön und stark! Das große Feuer
kommt! Da schlägt das Feuersegel hoch im Wind und
treibt mein Schiff aufs offene Meer.

DER VERWESTE HEILIGE Du Armer!

KARLOS Weshalb mußtest du mich denn damals ins
Leben zurückbringen?

DER VERWESTE HEILIGE Das weiß ich nicht.

KARLOS Drück dich nicht herum! Sag es mir!

DER VERWESTE HEILIGE *singt:* Alles, alles geschieht zur
Ehre Gottes!

KARLOS Du drückst dich vor der Antwort!

DER VERWESTE HEILIGE Gott weiß es!

KARLOS Ich sag es dir, warum: Damit das spanische Königreich durch mich zugrunde geht. Ich habe Lunten
an die Pulvertürme gelegt, und Feuer in die Sakri-
steien! Gleich hörst du den großen Knall!

DER VERWESTE HEILIGE Du Armer!

KARLOS Da ist schon der Feuerschein! Da brennt schon die Fackel!

DER VERWESTE HEILIGE Ich muß zu meinen Hühnern. *Er verschwindet.*

KARLOS Bist du aus dem Fenster gehüpft? *Er beugt sich hinaus.*

Die Türen schlagen auf.
Es erscheint der König mit Gefolge, um Karlos zu verhaften.

KARLOS *dreht sich zu ihnen um, kreischt in ekstatischer Aufregung:* Kommen Sie rasch! Treten Sie alle an die Fenster, gleich erfolgt die große Detonation! Aus Feuer, Explosion und Chaos wird die blaue Kugel, wieder menschenlos, in die Harmonie des Weltalls schweben!

DER KÖNIG Karlos!

KARLOS Ich lebte von meines Vaters Gnaden, jetzt nicht mehr. Mein Vater wird in Pension gehen, darüber werden einige weinen und sehr viele fröhlich sein. Ich bin es auch.

DER KÖNIG Du irrst dich, du sprichst mit dem König, nicht mit deinem Vater.

KARLOS Mein lieber Nicht-Vater, ich bin dein Nicht-Sohn!

DER KÖNIG *zu einem Schreiber:* Protokolliere das!

KARLOS Oh, ich habe das Feuerzähnchen schon gesehen! Es fraß sich flink über den Paradeplatz zum Pulvermagazin. – Schnell! Schnell, ehe alles vorbei ist!

DER KÖNIG Wer zündet denn die Lunte?

KARLOS Ich, lieber Nicht-Vater! Dein Nicht-Sohn zündet sie!

DER KÖNIG Du bist doch hier, vor unseren Augen!

KARLOS Ich zünde sie in mancherlei Gestalt. Eine von diesen ist ein roter Feuermeister, einer, den Sie nicht zu der menschlichen Gattung zählen, weil er nicht unsere Sprache spricht.

DER KÖNIG Meinst du – den?

Der Wilde wird hereingebracht.

KARLOS Ja, das ist er! Er kann Ihnen aber keine Auskunft geben, deshalb muß ich für ihn antworten, wenn Sie ihn ausfragen.

ZWEI MÖNCHE *singen:*

> Er hat eine Lunte gelegt, ahiii
> er hat sie gezündet. Aber
> vor dem Bild der Mutter,
> der Heiligen Madonna,
> wurde die Flamme still,
> und ein Strahlenkranz
> wand sich, ahiii, um das heilige Bild
> Kyrie Eleyson.

KARLOS Ihr Lügner! Es ist euer Glück, daß euer Gefangener nicht sprechen kann, er würde euch Lügen strafen!

ERSTER MÖNCH *zum Wilden:*

> Sprich, du gewonnene Seele,
> wer ist der König?

DER WILDE Felipe.

ZWEITER MÖNCH
>   Und wer, gewonnene Seele, ahiii
>   ist dein Gott und wer
>   deines Königs Gott?

DER WILDE Gott.

KARLOS *schreit entsetzt:* Ich habe ihm die Zunge herausgeschnitten!

DER KÖNIG *zu dem Schreiber:* Protokolliere das! Er behauptet, er hat ihm die Zunge herausgeschnitten, aber wir hören, er spricht.

DIE MÖNCHE *singen:*
>   Da sprach der Stein: es werde Licht
>   Die Stimme ist das Weltgericht
>   Die Stimme bricht die Gräber auf
>   Die Sonn steht still in ihrem Lauf
>   O Stimm die ohne Zunge spricht
>   O Stimme Himmel Erd und Licht
>   Kyrie Eleyson.

KARLOS *entdeckt d'Austria:* O, mein lieber Freund Austria ist auch mitgekommen! Da stehst du lächelnd neben meinem Vater! So springt die Wunde zurück in die Nadel und die Wörter zurück in den Mund.

Die Mönche haben den Wilden auf einen Stuhl gesetzt und gefesselt. Sie tragen ihn hinaus. Lärm. Die Handwerker fangen an, die Fenster und den Kamin und die Türen mit Brettern zuzunageln.

KARLOS *plötzlicher Zusammenbruch und Angst:* Vater...
Vater! Was tun diese Männer da? – Hört auf! – Hört auf mit Hämmern! Ich hab solche Kopfschmerzen.

Vater! Sie nageln die Türen zu. Sie vermauern die Fen-
ster! Vater! Verbieten Sie das – bitte! Vater – bitte!
DER KÖNIG Die Stimme ähnelt meinem Sohn. Wer redet
    da?
KARLOS *flehend, kriecht am Boden:* Vater – bitte –!
    Vater! – Vater!
GROSSINQUISITOR Ein Verrückter schreit.

*Der König und sein Gefolge verlassen den Raum. Das
Hämmern wird lauter.*

18
INTIMITÄTEN

Das Zimmer von Karlos. Zugemauerte Türen und Fensteröffnungen. Ysabel, silbrig gekleidet, wie ein schönes Insekt, kommt durch die Wand. Sie trägt vorsichtig eine Schatulle, öffnet sie, hält sie zur Ansicht hin. Die Kahle Anna hockt plötzlich da. Sie hat Schwären und Wunden am Körper und im Gesicht.

KAHLE ANNA Ich bin schwanger, siehst du?

YSABEL *betrachtet sie interessiert:* Wo denn?

KAHLE ANNA Ich würge und würge.

YSABEL Ich habe alle meine Kinder ohne Anstrengung geboren. Sie sind aus der Spalte herausgerutscht. Ich habe es kaum gemerkt. Sie fielen klimpernd auf die Steine. Ich habe sie dann aufgelesen und ins Etui gesteckt. Da liegen sie aufgereiht in den Mulden der rotgerafften Seide. Mit der kleinen Pinzette hole ich sie heraus, wenn ich sie betrachten will. *Zeigt sie ihr.* Karlos, Karlos... Karlos... Karlos...

KAHLE ANNA Alle heißen Karlos!

YSABEL Wie können sie sonst heißen!

KAHLE ANNA Karlos.

YSABEL Jetzt ist kein Platz mehr im Etui. Mehr kann ich ihm nicht gebären.

KAHLE ANNA Ich würge, ich ersticke, es steigt mir die Brust herauf, steckt mir im Hals. Es wird mich ersticken, ich kann nicht gebären.

YSABEL Mach deinen Mund auf. *Sieht ihr in den Mund.*

Da seh ich ein Glotzauge! Eine Kröte. Das Kind ist
eine Kröte.

KAHLE ANNA Ach, ich ersticke! Es will heraus seit Wochen! Es wollte an so vielen Stellen schon heraus, aber
nur die Haut ist aufgeplatzt, es kommt nicht heraus.

YSABEL Es kommt nicht zwischen den Kiefern durch.
Die Zähne halten es auf. Ich muß dir die Zähne ausbre-
chen.

KAHLE ANNA Ach ja, ach ja, brich mir doch die Zähne
aus!

Ysabel bricht ihr die Zähne aus.

KAHLE ANNA Es geht nicht. Es geht nicht. Es ist wieder
hineingerutscht.

YSABEL *höhnisch:* Karlos! Setz deine Krone auf!

KAHLE ANNA Das dürfen Sie nicht sagen! Wenn Sie der
König hört!

YSABEL Das macht nichts, wenn er mich hört.

DER KÖNIG *steht plötzlich vor der Wand. Dunkle Brille.*
Er setzt sich hin, ohne auf die Frauen zu achten, und
fängt an zu schreiben: »Obwohl dieser Entschluß sehr
schwer wiegt und die Maßnahme gegen ihn überaus
streng ist, so werdet ihr doch anerkennen, in Anbe-
tracht dessen, was ihr gesehen habt und was ihr wißt,
wie sehr begründet und berechtigt ich gehandelt
habe...«

YSABEL Soll ich dir ein Geheimnis verraten?

KAHLE ANNA Nein, nein, bloß kein Geheimnis!

YSABEL Mein Mann, der König Felipe...

KAHLE ANNA Nein, nein, nein!

YSABEL Der König ist schon lange tot!

KAHLE ANNA Er sieht uns!

YSABEL Er sieht nichts. Das kann ich dir vorführen. *Sie nimmt Felipe die Brille ab. Er hat keine Augen.* Er schreibt nicht. *Sie nimmt Felipe die Feder ab, stößt ihn, Felipe fällt um, eine gestürzte Statue.*

KAHLE ANNA Karlos! Karlos! Jetzt lassen sie dich frei!

YSABEL Da ist aber doch etwas geschrieben. *Sie liest.*

KAHLE ANNA Ich kann ja nicht lesen.

YSABEL Da steht: Er muß noch hundert Jahre in Haft bleiben.

KAHLE ANNA Das steht doch gar nicht da!

Sie streiten um das Papier, verschwinden in der Wand.

19
EINE SCHÖNE HASENPASTETE!
JA! UND NOCH EINE ZWEITE!
UND EINE DRITTE!

Im zugemauerten Zimmer von Karlos.

DER KOCH *kommt strahlend durch ein niedriges Tapeten-türchen herein:* Die Hasenpastete, Prinz Karlos.
KARLOS Wer bist du?
DER KOCH Der Koch, Prinz Karlos.
KARLOS Wie groß ist deine Küche?
DER KOCH Fast so groß wie Ihr Zimmer, Prinz Karlos.
KARLOS Und wenn du deine Sache gemacht hast, gehst du nach Hause?
DER KOCH Nein, Prinz Karlos.
KARLOS Nicht?
DER KOCH Nein, in meiner Küche schlafe ich auch. Ich darf nachts dort bleiben. Man hat es mir gestattet.
KARLOS Eingesperrt!
DER KOCH Nein, o nein, Prinz Karlos! Es ist ein Privileg.
KARLOS Vom König?
DER KOCH Meine Hasenpastete ist die edelste in ganz Mitteleuropa.
KARLOS Sagt der König?
DER KOCH O mein über alles verehrter Prinz Karlos. *Kniet nieder.*

Karlos fängt an zu essen, der Koch sieht ihm begeistert zu.

DER KOCH Der König ißt nie Pastete.

KARLOS Ach ja, mein Vater sitzt auf seinem Thron und
kaut angefeuchtete Brotrinden. – Hat deine Küche ein
Fenster, zum Hinaussehen?

DER KOCH Nein, oh nein, Prinz Karlos, wozu denn hinaussehen? Ich muß mich konzentrieren, ich will die
Welt nicht sehen.

KARLOS Ich kann hinaussehen. Da ist ein kleines Loch in
der Mauer, sieh mal! Wenn ich da hinabsehe – da unten
sehe ich meine Vorväter, versteinerte Könige auf ihren
Gräbern.

DER KOCH Mein Fenster ist ganz hoch oben, so daß ich
nur den Himmel sehe.

KARLOS Du hast keine Väter?

DER KOCH Man hat mich als Kind gefunden, auf einer
Treppe.

KARLOS *ißt, schlingt die Pastete in großen Brocken hinunter, trinkt Eiswasser:* Die Welt ist sehr, sehr groß!

DER KOCH Weiß nicht. Ich verlasse meine Küche nie.

KARLOS Jetzt hast du sie aber verlassen, Lügner! *Er
schlägt ihn.*

DER KOCH *kniet hin:* O mein Prinz, mein verehrter Prinz
Karlos.

Karlos schlingt die Pastete.

DER KOCH Ich wollte sehen, wie Sie meine Pastete essen.
Es ist die vierte, die Sie heute verlangt haben, wie freue
ich mich!

KARLOS Kann sein, ich brauche noch eine fünfte.

DER KOCH O mein über alles verehrter Prinz Karlos.

KARLOS Ich habe seit einem Jahr keinen Menschen mehr
gesehen. Das macht ruhig, ruhig.

DER KOCH *ergriffen:* Meine fünfte Pastete!

KARLOS Und Eiswasser! *Er trinkt exzessiv.*

DER KOCH Einen schöneren Sieg kann ein Künstler nicht
haben!

KARLOS *schlägt ihn:* Wer spricht von Sieg! Wen besiegst
du denn, Mehlkopf!

DER KOCH Oh, meine nichtige Person! Nicht ich! Nicht
ich!

KARLOS Hundert Schiffe hinunter in den Grund des
Ozeans gebohrt, Städte abgebrannt, Länder verpestet
mit Leichengestank, den, der die ganze Welt im Kopf
hat, in ein Zimmer einmauern – das sind Siege!

DER KOCH Nicht ich, nicht ich, nicht ich!

Karlos frißt und schlingt die Pastete.

DER KOCH *steht wieder auf, vorsichtig:* Ich stehe hier in
aller Bescheidenheit gebückt und sehe Sie essen, Prinz
Karlos. Beobachte, wie Sie essen. Wie Sie den Mund
öffnen und schlucken und kauen und das geschmeidige
Pastetenfleisch gegen den Gaumen drücken, daß es
sich auflöst und zerschmilzt und die Mundhöhle immer wieder mit seinem Aroma füllt und die Zungen-
spitze den Trüffelbröckchen nachspürt.

KARLOS Und Eiswasser. *Er trinkt exzessiv.*

DER KOCH »Besiegt«, wie Sie es verstehen, wollte ich
nicht sagen. Ich meine: betört! Und von überirdischem
Entzücken glänzen Ihre Augen! Das zu sehen, davon
träumte ich über meinen Töpfen bei der Komposition

von Konsistenz und Aroma. Ich eile und bringe Ihnen
die fünfte.

KARLOS Nicht nötig. *Er erbricht sich, wälzt sich, er stirbt.*

DER KOCH *sieht hin:* Mit dem Messer, mit Gift, mit dem
Strick – meinetwegen! Aber sich an meinen Pasteten
totzufressen – Gemeinheit! *Er trampelt wütend auf
ihm herum.*